Hilfe, mein Kind ist Vegetarier!

Bettina Snowdon
Martin Lagoda

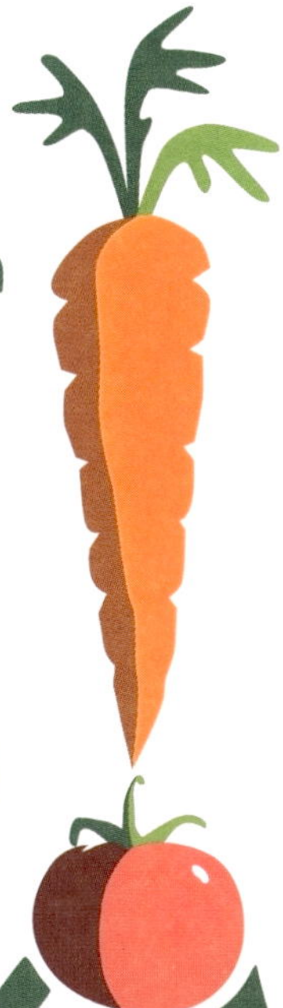

HiLFE

MEiN KiND IST VEGETARiER

55 clevere Kombi-Rezepte,
die alle Familienmitglieder glücklich machen

Hölker Verlag

INHALT

VEGGIE-KÜCHE
LEICHT GEMACHT

»Mama, Papa – ab jetzt esse ich kein Fleisch mehr!«

Womöglich standen Sie gerade am Herd, auf dem ein leckeres safti-
ges Schnitzel vor sich hin brutzelte, als Ihr Kind wie aus heiterem
Himmel erklärte: »Du, ich will kein Fleisch mehr essen.« »Hilfe,
mein Kind ist Vegetarier!«, war sicher der erste Gedanke, der Ihnen
durch den Kopf schoss, möglicherweise begleitet von Betroffenheit,
Ärger oder Enttäuschung. Dann ging das Gedankenkarussell los, was
das jetzt für Sie und letztlich die ganze Familie bedeutet: Alle müssen
lernen, mit der neuen Lage umzugehen. Doch wie?

Natürlich können Sie diese Situation als willkommenen Anlass
sehen, die vegetarische Ernährung für sich und die ganze Familie zumindest einmal auszuprobieren. Das klappt aber nur, wenn
wirklich alle mitziehen, was eher unwahrscheinlich ist. Vielmehr ist
es eher so, dass Sie diesen Wunsch zwar respektieren und umsetzen,
selbst aber noch lange nicht auf ein gutes Stück Fleisch oder Fisch
auf dem Teller verzichten wollen. Außerdem wird es jetzt kniffelig,
weil Ihre Kochgewohnheiten von einem Tag auf den anderen heftig
durcheinandergewirbelt werden. Was und wie sollen und wollen Sie
künftig kochen? Was tun, wenn bisher gewohnheitsmäßig immer
ein Stück Schwein oder Lachs die Hauptrolle auf den Tellern spielte?
Wenn Gemüse, Getreide und Salat nur als Nebendarsteller auftra-
ten? Müssen jetzt etwa täglich zwei komplett verschiedene Gerichte
zubereiten werden?

Ernst nehmen und zuhören

Wir wollen Sie mit all diesen Fragen nicht allein lassen. Allem voran
ein ganz wichtiger Appell: Nehmen Sie den Wunsch Ihres Kindes,

auf Fleisch und Fisch verzichten zu wollen, ernst, auch wenn Sie ihn nicht teilen. Unterhalten Sie sich mit ihm. Hören Sie sich die Argumente, Überlegungen und Beschreibungen seiner Gefühle – etwa Mitleid mit den Tieren – aufmerksam an. Je besser Sie selbst über die Beweggründe Ihres Kindes Bescheid wissen, desto leichter können Sie seinen Entschluss nachvollziehen und respektieren.

Vegetarisch ist gesund

Die Entscheidung Ihres Kindes, was auch immer seine Gründe sein mögen, ist grundsätzlich eine gute. Denn wie man schon lange weiß, ist die vegetarische Ernährung gesünder als eine fleischlastige, das gilt selbst in der Wachstumsphase.

Um die Gesundheit Ihres Kindes brauchen Sie sich also keine Sorgen zu machen. Es gibt ein paar Nährstoffe, auf die Sie Ihr Augenmerk legen sollten, und das ist an erster Stelle Eisen. Kochen Sie viel mit eisenreichen Lebensmitteln. Dazu gehören Hülsenfrüchte wie Linsen, Bohnen, Kichererbsen und Erbsen. Gleiches gilt für Gemüse, zum Beispiel in Form von Spinat, Mangold, Schwarzwurzeln oder Fenchel. Auch Pilze, etwa Pfifferlinge, oder Getreide wie Hirse, Hafer, Amarant und Vollkornreis sind eisenhaltig. Dazu servieren Sie am besten immer etwas Vitamin-C-Haltiges – also ein Glas Orangensaft, ein Stück Apfel, reichlich Petersilie oder Ähnliches. Denn das Vitamin verbessert die Eisenaufnahme deutlich.

Besonders hochwertiges Eiweiß erhalten Sie aus pflanzlichen Lebensmitteln, wenn Sie bestimmte Nahrungsmittel miteinander kombinieren: zum Beispiel Milch oder Ei mit Kartoffeln oder mit Weizenmehl, Ei mit Soja oder Bohnen mit Mais.

Was ist vegetarisch?

Bleiben Sie Ihrem Kind gegenüber immer fair und versuchen Sie auf keinen Fall, ihm heimlich etwas unterzujubeln, was es nun ablehnt! Was vegetarisch ist bzw. sein soll, wird von vielen Menschen recht kreativ und leider völlig falsch ausgelegt. Selbstverständlich ist nicht nur der dicke Braten ein Stück Fleisch, sondern auch Speck, Hack-

KEINE SORGE!

fleisch, Tatar, Schinken und Wurst (sofern es keine vegetarischen Nachahmerprodukte sind) sowie alle Arten und Teile von Geflügel.

Wer Vegetarier ist, lässt auch weder Fisch noch Meerestiere auf den Teller, also keine Muscheln, Tintenfische, Garnelen, Krabben oder gar Hummer. Auch Gemüsesülzen, Gummibärchen und vergleichbare Naschereien, die Gelatine enthalten, lehnen die meisten Vegetarier ab. Viele Torten enthalten ebenfalls Gelatine, entweder zum Festigen von Sahne- und Fruchtmassen oder als Überzug. (Tortenguss besteht hingegen aus Stärke und ist damit gelatine-frei.) Verwenden Sie beim Braten oder Frittieren kein Schmalz, das stammt zu 100 Prozent vom Schwein.

GUT ZU
WISSEN!

Halten Sie auch die Augen auf bei Fertiggerichten, von der TK-Pizza über Tütenmahlzeiten bis hin zu Dosensuppen! Am besten lesen Sie sich immer die Zutatenlisten durch und achten besonders auf die Deklarierung von Fleischbrühe, Schmalz und Gelatine, auch bei solchen Fertigprodukten, in denen Sie es nicht erwarten würden. Sie werden staunen, wo diese Zutaten überall enthalten sind.

Wie geht's jetzt in der Küche weiter?

Theoretisch können Sie natürlich immer zwei völlig verschiedene Gerichte zubereiten: eins mit Fisch oder Fleisch sowie ein vegetarisches. Einfacher und zeitsparender ist es aber, beide Gerichte auf einer gemeinsamen Basis der Zutaten und Zubereitungsschritte zu kochen. Somit ist ein Teil auf dem Teller aller Esser identisch und Sie haben weniger Arbeit. Für die Fleischesser gibt es dann etwa ein Schnitzel dazu und für die Vegetarier ein Pendant aus Gemüse. Stellen Sie sich das Prinzip wie einen Baum vor: Sie haben einen gemeinsamen Stamm, der sich an einer Stelle in die zwei Äste aufteilt.

Das ist auch das Prinzip der Rezepte in diesem Buch: Es gibt viele Gemeinsamkeiten auf den Tellern aller Esser, dazu bekommt jeder noch entweder etwas Vegetarisches oder etwas Fleisch und Fisch dazu. Wie unsere Rezepte und Portionsgrößen funktionieren, finden Sie auf Seite 11.

Die Vielfalt der vegetarischen Küche nutzen

Vielleicht fragen Sie sich jetzt auch, ob eine Küche ohne Fisch und Fleisch nicht zu einseitig ist. Keine Angst, das ist sie keinesfalls, denn die Palette der pflanzlichen Lebensmittel und der Milchprodukte ist riesig, dazu kommen noch Eier beziehungsweise Eiergerichte. Und der Vegetarismus hat sich in den letzten Jahren so weit etabliert, dass jede Menge neuer Produkte auf den Markt gekommen sind und es selbst bis in die Discounter-Regale geschafft haben. Tofu, Tempeh oder Seitan werden gern als Fleischersatz verwendet und Sojaschnetzel können Hackfleisch ersetzen. Aus diesen Zutaten wird eine Vielzahl von Produkten hergestellt, die Fleischerzeugnisse in geschmacklicher Hinsicht und bei der Zubereitungstechnik imitieren. Ob Schnitzel, Bratwürstchen oder Bockwurst: Probieren Sie diese Varianten ruhig selbst einmal aus, manche sind kulinarisch verblüffend nah am Original.

Eine tolle Alternative zu Gehacktem ist Grünkern, der würzig-kernig schmeckt und zum Beispiel in Nudelsaucen oder auch als Bratling das Fleisch würdig ersetzen kann. Für Bratlinge eignen sich auch andere Getreidearten wie Dinkel oder Hirse, viele Gemüsesorten oder Sojaschnetzel.

Aus Gemüse und Kartoffeln (oder Püree daraus) lassen sich mit aufgegossener Eiermilch und Reibekäse on top wunderbare Aufläufe zaubern. Oder Sie verwenden vorgegartes Gemüse als Einlage in Pfannkuchen. Manchmal sind es auch nur die Röstaromen, die einen Vegetarier schon glücklich machen – deshalb öfter mal knusprige Kartoffelpuffer auftischen!

SO SCHMECKTS!

Ein paar praktische Tipps

- Achten Sie auf Abwechslungsreichtum, damit beugen Sie auch dem Mangel an einzelnen Nährstoffen vor.

- Ersetzen Sie Fleischbrühe in Rezepten immer durch Gemüsebrühe, am besten in Bio-Qualität.

- Statt Gelatine können Sie in vielen Fällen das pflanzliche

Geliermittel Agar Agar verwenden, bei (Sahne-)Torten als stabi-
lisierende Zutat und als Tortenguss.

- Wenn Sie Fleisch- oder Fischgerichte im Ofen zubereiten, dann
  bedenken Sie, dass sich ihr durchdringendes Aroma im Ofen
  verteilt und auch von dem vegetarischen Gericht aufgenommen
  werden kann. Fragen Sie Ihr Kind, was grundsätzlich geht – und
  was nicht. Gegebenenfalls decken Sie das Fleischgericht mit Alufolie möglichst lange ab, wenn es das Rezept zulässt, und schieben
  es nachher noch kurz unter den Grill.

- Bereiten Sie vegetarische Gerichte keinesfalls im zurückgebliebe-
  nen Bratfett von Fisch, Fleisch, Speck u. Ä. zu, auch wenn es sich
  anbieten würde. Die umgekehrte Reihenfolge ist natürlich erlaubt.

- Versuchen Sie nicht, Ihr Kind auszutricksen, indem Sie ein
  Fleisch- oder Fischgericht kochen und aus seiner Portion dann
  die Fleisch- oder Fischzutaten aussortieren.

Last but not least

Am besten fahren Sie, wenn Sie sich an die Empfehlungen
großer Köche halten: Rezepte – damit sind auch alle in diesem
Buch gemeint – geben nur eine Richtung vor, es sind Vorschläge.
Haben Sie Mut und entwickeln Sie eigene Fantasie! Halten
Sie sich nicht penibel an Mengen- und Zutatenvorgaben. Man
macht nichts falsch, wenn man etwas anders macht. Nur eins zählt:
Es soll allen schmecken!

ⓘ Wie unsere Rezepte funktionieren

Der wichtigste Hinweis vorab: Lesen Sie sich jedes Rezept, das Sie zubereiten wollen, vor dem Kochen gut durch, bis Ihnen der Ablauf klar ist. Dennoch sind unsere Rezepte nicht kompliziert, nur der Aufbau weicht von den sonst üblichen Regeln etwas ab. Grundsätzlich sind alle Rezepte so gestaltet, dass jeweils ein möglichst großer Teil des Gerichts für beide Essergruppen identisch ist. Dieser Teil steht für sich und nimmt ca. das obere Drittel des Rezepts ein. In zwei nebeneinanderliegenden Spalten werden dann jeweils links die vegetarische Variante und rechts die Zubereitung mit Fisch/Fleisch beschrieben. Im Prinzip gehen aus dem Teil für beide Essergruppen die vegetarischen und die nichtvegetarischen Abwandlungen hervor und werden dann jede für sich zu Ende geführt. Je nach Gericht kann es dazu kleine Abweichungen geben. Im Übrigen müssen Sie die vorgegebene Reihenfolge bei den Arbeitsschritten keinesfalls einhalten – Sie sollten selbst herausfinden, welche Vorgehensweise Ihrem Kochstil entspricht.

1 X KOCHEN
2 GERICHTE!

ⓘ Wie die Portionsgrößen funktionieren

In den Kapiteln eins und zwei beziehen sich die Portionsgrößen auf vier Personen: für zwei Erwachsene, die Fisch und Fleisch auf dem Teller haben wollen, und für zwei Kinder, die Vegetarisches bekommen. Deshalb fallen die Portionen mit Fisch und Fleisch größer aus. Bei den Portionen für die Kinder mussten wir Mittelwerte nehmen. Denn 10-Jährige verdrücken im Allgemeinen kleinere Mengen als 16-Jährige, deren Energieverbrauch deutlich höher liegen dürfte. Sie selbst kennen Ihre Kinder am besten: Lesen Sie sich vor Kochbeginn die angegebenen Zutatenmengen durch, und entscheiden Sie dann, wie viel Sie tatsächlich brauchen.

In Kapitel drei (Seite 88 ff.) wird in großer Runde gefeiert, und deshalb sieht die Tischsituation jetzt anders aus. Wir sind wieder von zwei vegetarisch orientierten Kindern ausgegangen. Die Erwachsenen bekommen erneut Fisch und Fleisch – aber wie viele werden bei Ihnen mit am Tisch sitzen? Auch hier haben wir es mit einem Mittelwert versucht und sind von vier bis sechs Erwachsenen ausgegangen.

HMM, LECKER!

FRISCH ZUBEREITET

Heiß vom Herd direkt auf den Tisch: Viele Gerichte müssen schon frisch zubereitet werden, wenn sie so richtig lecker sein sollen — was aber nicht bedeutet, dass man sich jedes Mal stundenlang an den Herd stellen muss! Ob vegetarisch oder mit Fisch und Fleisch: Pita, Burger, Sandwiches und Nudelgerichte sind schnell gemacht und werden immer mit großem Appetit weggeputzt.

Unsere Rezepte sehen zwei erwachsene Fisch- und Fleischesser und zwei Veggie-Kinder vor. Die Portionsgrößen sollten Sie je nach Hunger und Alter der Kinder gegebenenfalls etwas variieren — Sie kennen den Appetit Ihrer Kinder am besten.

GEFÜLLTE PITAS

Als handliche Hauptmahlzeit oder sportlicher Imbiss für zwischendurch.

*Zutaten für beide Gerichte: 5 EL Vollmilchjoghurt · 5 EL Mayonnaise · 5 EL Gewürzketchup ·
1 Bund Schnittlauch, in Röllchen · Salz · 4–6 Pitataschen · Eisbergsalatblätter · Gurken,
in Scheiben · Tomaten, in Scheiben · 1 Gemüsezwiebel, in Ringen · Öl zum Frittieren und Braten*

Für die Sauce den Joghurt mit Mayonnaise, Ketchup und Schnittlauch verrühren und
mit Salz würzen. Die Pitataschen vor dem Füllen im Ofen oder Toaster nach Packungsanweisung aufbacken. Salat und Gemüse so hineingegeben, dass in der Mitte Platz für
die weitere Füllung ist.

MIT FALAFELN AUS DER FRITTEUSE

*½ Bund Petersilie, fein gehackt · 2 Schalotten,
fein gewürfelt · 2 Knoblauchzehen, fein gewürfelt · 120 g Kichererbsenmehl · 1 EL gemahlener
Kreuzkümmel · 1 Msp. Backpulver · 1 TL Salz ·
1 EL Olivenöl · 1 TL Zitronensaft*

Petersilie, Schalotten, Knoblauch, Mehl,
Kreuzkümmel, Backpulver und 1 TL Salz
mischen. Nach und nach 200 ml kochendes
Wasser zugeben und alles zu einem glatten,
relativ festen Teig verarbeiten. 15 Min.
ruhen lassen. Dann Öl und Saft einrühren.
Mit feuchten Händen den Teig zu walnussgroßen Kugeln formen. Bei 150 °C dann
5–8 Min. frittieren. Auf Küchenpapier
abtropfen lassen.

MIT KLEINEN FRIKADELLEN

*1 Zwiebel, gewürfelt · Fett zum Braten · 200 g
gemischtes Hackfleisch · 1 Scheibe Toastbrot,
in Milch eingeweicht und ausgedrückt · Salz ·
Pfeffer · Paprikapulver · getrockneter Oregano ·
Knoblauchgranulat*

Die Zwiebel in Fett glasig andünsten.
Das Hackfleisch mit dem klein gezupften
Toastbrot, der Zwiebel und den Gewürzen zu einem relativ gleichmäßigen Teig
verarbeiten und mit feuchten Händen
zu pflaumengroßen Kugeln formen. Alle
Frikadellen etwas flach drücken. In einer
Pfanne in heißem Fett rundherum goldbraun braten.

Die Falafeln in die Hälfte der vorbereiteten Pitataschen füllen, die Frikadellen in die
anderen. Dann auf alle Taschen etwas Würzsauce geben.

TIPP
Übrig gebliebene
Falafeln und
Frikadellen lassen
sich gut einfrieren.

REIBEKUCHEN
AUF SCHWARZBROT

Drei, die besonders gut zusammenpassen: Kartoffelpuffer, Geräuchertes und Schwarzbrot.

Zutaten für beide Gerichte: 500 g mehligkochende Kartoffeln, geschält · 1 dicke Zwiebel, geschält · 100 g Haferflocken · 2 Knoblauchzehen, gepresst · 1 Ei · Salz · 250 g saure Sahne (oder Schmand) · 1 dickes Bund Schnittlauch, in Röllchen · Öl zum Braten · 4–6 Scheiben Schwarzbrot

Kartoffeln und Zwiebel reiben. Haferflocken, Knoblauch und Ei einrühren und mit Salz würzen. 20 Min. ruhen lassen. Saure Sahne mit Schnittlauch verrühren und leicht salzen. Das Öl 1 cm hoch in einer Pfanne erhitzen und mit einem großen Löffel den Reibekuchenteig portionsweise so hineingeben, dass flache Fladen entstehen. Die Fladen von beiden Seiten knusprig braten. Ggf. fertige Reibekuchen im vorgeheizten Backofen bei ca. 80 °C warm halten.

🥕 MIT RÄUCHERKÄSE

4–6 Scheiben Provolone (oder ein anderer geräucherter Käse)

Zuerst die Reibekuchen auf die Schwarzbrotscheiben legen und dann den Käse darauflegen.

🐟 MIT RÄUCHERFISCH

4–6 Scheiben kalt geräucherter Fisch (z. B. Butterfisch oder Lachs)

Hier ebenfalls die Reibekuchen auf die Brotscheiben legen, dann den Fisch darauf verteilen.

Zum Schluss alle Brotscheiben mit etwas Schnittlauchsahne krönen und servieren.

TIPP
Statt des Räucherkäses kann man wahlweise Rübenkraut, Apfelmus oder Senf auf den vegetarischen Reibekuchen geben. Dann die Schnittlauchsahne weglassen.

SPARGEL UND NEUE KARTOFFELN

Heimischer Spargel ist zur Saison ein Muss, dazu unbedingt Kartoffeln aus neuer Ernte.

Zutaten für beide Gerichte: ca. 1 kg festkochende junge Kartoffeln, geschält · Salz · 1 EL Zucker · 1 EL Butter · ca. 1½ kg weißer Spargel oder mehr, geschält, untere Enden entfernt · 2 Eigelb · 1 EL Zitronensaft · 150 g Butter, geschmolzen · Cayennepfeffer

Die Kartoffeln in reichlich Salzwasser aufsetzen und ca. 20 Min. garen. Abgießen und ausdämpfen lassen. In einem Topf Wasser mit Salz, Zucker und Butter aufkochen und den Spargel hineinlegen. Je nach Dicke der Stangen und gewünschter Festigkeit 10–20 Min. garen. Herausnehmen und kurz abtropfen lassen. Für die Holländische Sauce in einer Schüssel über dem Wasserbad die Eigelbe mit dem Zitronensaft verrühren und unter ständigem Schlagen mit dem Schneebesen die Butter einarbeiten, bis eine schaumige Masse entstanden ist. Mit Salz und einem Hauch Cayennepfeffer würzen.

 ### MIT KÄSE ÜBERBACKEN

2–4 Scheiben Gouda (oder Butterkäse oder Chester)

Die Hälfte des Spargels in eine Ofenform geben und mit Käse belegen. Unter dem Ofengrill überbacken, bis der Käse zerläuft. Zusammen mit der Hälfte der Kartoffeln auf vorgewärmten Tellern anrichten. Die Hälfte der Sauce dazugeben.

MIT SCHINKEN

150 g luftgetrockneter oder geräucherter Schinken, in Scheiben

Die andere Hälfte des Spargels zusammen mit Schinken und restlichen Kartoffeln auf vorgewärmten Tellern anrichten. Die Hälfte der Sauce dazugeben.

TIPP
Zu dem Spargel-
gericht für die
Fleischesser passt
auch gekochter
Schinken.

BOHNEN IN TOMATENSAUCE
MIT SPIEGELEI AUF TOAST

Kennt man aus England als Frühstück – schmeckt außerhalb des Urlaubs vor allem als Hauptmahlzeit.

Zutaten für beide Gerichte: 1 Zwiebel, fein gewürfelt · Fett zum Braten · 1 kleine Knoblauchzehe, fein gehackt · 1 Dose weiße Bohnen (850 ml), abgetropft · 2 EL Essig · 1–2 EL Rohrzucker · 2 EL Tomatenmark · 3–4 EL Tomatenketchup · 1 TL Senf · Salz · Pfeffer · 1 Spritzer Worcestersauce · 8 Scheiben Vollkorntoastbrot · 4 Eier oder mehr

Für die Bohnen die Zwiebel in heißem Fett glasig dünsten und den Knoblauch zufügen. Dann die Bohnen und Würzzutaten zugeben und alles erhitzen. 10–15 Min. köcheln lassen und abschmecken. Dieser Teil des Gerichts lässt sich gut vorbereiten. Das Brot im Toaster rösten. Die Eier in einer Pfanne in Fett zu Spiegeleiern braten. Die Toastscheiben auf Teller legen. Die Bohnen daraufgeben und die Spiegeleier aufsetzen.

MIT RÄUCHERTOFU

ca. 160 g Räuchertofu, gewürfelt · Fett zum Braten · 1–2 Spritzer Sojasauce

Den Tofu in etwas Fett braten, dabei häufiger wenden. Zum Ende der Bratzeit die Sojasauce daruntermischen.

MIT KNUSPRIG GEBRATENEM BACON

6 Scheiben Bacon

Den Bacon in einer anderen Pfanne (oder nach dem Tofu in derselben) rundum knusprig braten.

Wenn die Eier angerichtet sind, den Tofu und den Bacon auf jeweils zwei Tellern dazulegen und servieren.

WOKGEMÜSE MIT NUDELN

Dank frischer Gemüsezutaten ein besonders gesundes und schnell zubereitetes Gericht.

Zutaten für beide Gerichte: 200 g chinesische Eiernudeln · 6 EL Öl · 150 g Möhren, in sehr dünnen Streifen · 1 rote Paprika, in sehr dünnen Streifen · 150 g Champignons, in Scheiben · 1 Bund Frühlingszwiebeln, in Röllchen · 4 EL Sojasauce · 2 EL süße Chilisauce · Pfeffer · 2–3 EL Koriandergrün, gehackt · 1 Schälchen mit Sambal Oelek

Nudeln nach Packungsanweisung mit 2 EL Öl im Kochwasser zubereiten und abtropfen lassen.
2 EL Öl in einem Wok oder einer großen Pfanne erhitzen. Nudeln darin scharf anbraten und herausnehmen. Weitere 2 EL Öl erhitzen und darin das Gemüse unter Rühren 4 Min. scharf anbraten. Nudeln untermischen, alles gut durcherhitzen und mit Sojasauce, Chilisauce, Salz und Pfeffer kräftig würzen. Die Gemüsenudeln auf Teller geben.

MIT ERDNÜSSEN

150–180 g Tempeh, gewürfelt · Fett zum Frittieren oder Braten · Sojasauce · 100 g geröstete Erdnüsse, grob gehackt

Tempeh knusprig frittieren oder braten. Mit Sojasauce würzen. Auf die Hälfte der Gemüsenudeln geben und mit Erdnüssen bestreuen.

MIT PUTENBRUST

ca. 250 g frische Putenbrust, in Streifen · 1 EL Sojasauce · Öl zum Braten

Putenbrust 15 Min. in Sojasauce marinieren und in einer Pfanne in sehr heißem Öl 2–3 Min. unter Rühren braten. Auf die andere Hälfte der Gemüsenudeln geben.

Die Gerichte servieren. Koriander und Sambal Oelek getrennt zur Selbstbedienung reichen.

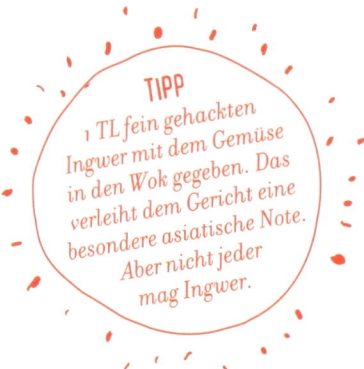

TIPP
1 TL fein gehackten Ingwer mit dem Gemüse in den Wok gegeben. Das verleiht dem Gericht eine besondere asiatische Note. Aber nicht jeder mag Ingwer.

FARFALLE
MIT WEISSKOHL

So einfach zuzubereiten – und wird immer schnell zu einem Lieblingsgericht.

*Zutaten für beide Gerichte: 400 g Farfalle · Salz · 1 Zwiebel, gewürfelt · 2 EL Zucker ·
Olivenöl · 500 Weißkohl, in Streifen · Pfeffer · ½ TL Thymianblättchen (oder getrocknet) ·
1 Msp. gemahlener Piment*

Die Nudeln nach Packungsanweisung in Salzwasser kochen und abgießen. Die Zwiebel
mit Zucker in Olivenöl etwas andünsten und den Kohl unterrühren. Ca. 300 ml Wasser
angießen und mit Salz, Pfeffer, Thymian und Piment würzen. Wenn der Kohl anfängt,
weich zu werden, die Nudeln unterheben und noch einmal abschmecken. Evtl. noch
etwas Wasser zufügen. Die Kohlnudeln auf die Teller verteilen.

 ## MIT KARTOFFELCHIPS

*ca. 60 g Kartoffelchips oder Nachos mit
Paprika (Tüte)*

Die Kartoffelchips oder Nachos ganz grob
zerdrücken und auf zwei der Nudelteller
streuen.

MIT SPECKWÜRFELN

130 g durchwachsener Räucherspeck

Den Speck würfeln, in einer Pfanne
rundum knusprig braten und auf die
anderen beiden Nudelteller geben.

TIPP
Kartoffelchips kann man auch
selbst herstellen. Dazu 2 geschälte
dicke Kartoffeln in dünne Scheiben
schneiden, nach dem Waschen sehr gut
trocken tupfen und in heißem Öl bei
mittlerer Temperatur frittieren. Wenn
sich die Kartoffelscheiben aufgebläht
haben, herausnehmen, abtropfen
lassen und mit Salz würzen. Zuletzt
mit Paprikapulver bestäuben.

SAFTIGE BURGER

Schmecken selbst gemacht noch einmal so gut wie das Übliche aus dem Schnellrestaurant.

Zutaten für beide Gerichte: 5 EL Ketchup · 5 EL milder Senf · 5 EL Mayonnaise · 4 Sesam-Burger-brötchen (oder Baguettebrötchen) · Käsescheiben (z.B. Chester oder Gouda) · Salatblätter · Tomaten, in Scheiben · Gurken, in Scheiben

Für die Würzsauce Ketchup, Senf und Mayonnaise verrühren. Die Brötchen aufschneiden.

MIT AUBERGINE

4–6 dicke Scheiben Aubergine (1 cm) · Öl zum Braten · Salz

Die Auberginenscheiben von beiden Seiten in heißem Öl braten, bis sie gar sind. Mit Salz bestreuen und auf Küchenpapier abtropfen lassen. Portionsweise auf die Hälfte der unteren Brötchenhälften legen und mit etwas Würzsauce bestreichen. Zuerst mit der Hälfte des Käses und dann mit der Hälfte von Salat und Gemüse belegen.

MIT RINDERHACK

250 g Rinderhackfleisch · Salz · Pfeffer · Knoblauchgranulat · Zwiebelgranulat · ½ TL getrockneter Thymian · Öl zum Braten

Das Fleisch mit den Gewürzen und Zwiebeln gut verkneten und zu zwei flachen Kreisen oder Ovalen in Brötchengröße formen. In Öl von beiden Seiten knusprig braten. Kurz auf Küchenpapier abtropfen lassen. Auf die unteren Brötchenhälften legen und mit etwas Würzsauce bestreichen. Dann mit dem restlichen Käse sowie dem Salat und Gemüse belegen.

Zum Schluss alle Innenseiten der oberen Brötchenhälften mit etwas Würzsauce bestreichen und als Deckel auf die Auberginen- und die Hackfleisch-Burger legen. Anschließend servieren.

TIPP
Den Rinderhack-Burger statt des Käses mit knusprig gebratenem Bacon belegen.

ITALIENISCHE BRATKARTOFFELN

Eine leckere Alternative zu sommerlichen Pastagerichten.

*Zutaten für beide Gerichte: 1 kg festkochende Kartoffeln, geschält, gewürfelt (1 cm) · Olivenöl ·
4 mittelgroße feste Tomaten · 1 EL eingelegte Kapern, gehackt · Salz · Pfeffer · ½ Bund Basilikum,
die Blätter abgezupft*

Die Kartoffelwürfel in einer beschichteten Pfanne in heißem Olivenöl braten. In der
Zwischenzeit die Tomaten vierteln und das Weiche entfernen. Das Tomatenfleisch fein
würfeln und mit den Kapern zu den Kartoffeln geben, kurz bevor sie durchgegart sind.
Mit Salz und Pfeffer würzen und weiterbraten, bis die Kartoffeln ganz gar sind. Unmittel-
bar vor dem Servieren die Basilikumblätter untermischen. Die Kartoffeln auf vier Teller
verteilen.

🥕 MIT PAPRIKA UND KÄSE

*je 1 rote und gelbe Paprika, klein gewürfelt ·
Olivenöl · Salz · Pfeffer · 2–3 EL Parmesan
(oder Edamer), gerieben*

Das Gemüse in etwas Olivenöl anbraten
und mit Salz und Pfeffer würzen. Auf zwei
der Teller geben und mit etwas geriebenem
Käse bestreuen.

 MIT SALSICCIA

*200 g Salsiccia (oder eine andere pikante
Bratwurst) · Öl zum Braten*

Die Salsiccia in Öl kurz und kräftig anbraten. Im Ganzen oder in Scheiben geschnitten zu den Kartoffeln auf die anderen
beiden Teller geben.

TIPP
Wer es gern scharf
mag, kann statt der
Salsiccia auch
Chorizo nehmen.

KNUSPRIGE SANDWICHBRÖTCHEN

Ein schnell gemachter Happen, auch für to go geeignet.

*Zutaten für beide Gerichte: 1 Dose weiße Bohnen mit Suppengemüse (400 g), abgetropft ·
1 Bund Basilikum · 1–2 TL Weinessig · 1 EL Olivenöl · Salz · Pfeffer · 4 längere Sandwichbrötchen,
aufgeschnitten · 4 hart gekochte Eier, in Scheiben · 1 Fleischtomate, in dünnen Scheiben*

Für die Bohnencreme die Bohnen mit Basilikumblättern, Essig und Öl im Mixer fein
pürieren und mit Salz und Pfeffer würzen.

MIT SOJA-NUGGETS

*4–6 Soja-Nuggets · Salz · Pfeffer ·
4 EL Röstzwiebeln*

Die Nuggets nach Packungsanweisung
zubereiten, salzen und pfeffern. Die
Innenseiten von zwei Sandwichhälften
mit etwas Bohnencreme bestreichen. Die
Hälfte der Eierscheiben auf die unteren
Hälften der Brötchen legen und darauf die
Soja-Nuggets verteilen. Mit der Hälfte der
Tomatenscheiben bedecken und mit Röst-
zwiebeln bestreuen. Die oberen Sandwich-
hälften auflegen.

MIT THUNFISCH

*130 g Thunfisch, naturell (Dose) · Salz ·
Pfeffer · ½ Bio-Zitrone · Salatblätter*

Den abgetropften Thunfisch zerpflücken,
mit der restlichen Bohnencreme verrühren und mit Pfeffer, Salz sowie ein
paar Tropfen Zitronensaft herzhaft würzen.
Die Masse auf die unteren Hälften der
anderen Brötchen streichen. Die restlichen Eierscheiben auf die unteren Hälften
legen. Dann die übrigen Tomaten und
Salatblätter darauf verteilen. Die oberen
Hälften daraufsetzen.

TIPP
Wer eine etwas größere
Veggie-Portion haben
möchte, legt auf die Tomaten
noch eine Scheibe Käse,
z. B. Gouda oder Butterkäse,
bevor die Röstzwiebeln
aufgestreut werden.

TAGLIATELLE MIT JOGHURT

Schmeckt dank des erfrischenden Joghurts besonders gut an heißen Tagen.

Zutaten für beide Gerichte: 500 g Tagliatelle · Salz · 300 g Vollmilchjoghurt · 1–2 TL edelsüßes Paprikapulver (oder scharfe Paprikaflocken, Pul Biber)

Als Erstes die beiden Saucen (siehe unten) zubereiten. Die Nudeln nach Packungs-anweisung in Salzwasser kochen und abtropfen lassen. Auf vier Teller verteilen. Den Joghurt mit etwas Salz verrühren.

MIT GEBRATENEN GEMÜSEWÜRFELN

1 kleine Aubergine, gewürfelt · ca. 150 g Zucchini, gewürfelt · Öl zum Braten · Salz · Pfeffer

Die Gemüsewürfel in heißem Öl unter Rühren rundum goldbraun braten und mit Salz und Pfeffer würzen. Dann auf zwei Nudelteller verteilen.

MIT HACKFLEISCH

250 g gemischtes Hackfleisch · Öl zum Braten · Salz · Pfeffer · Gewürze und Kräuter, z.B. Cayennepfeffer, Kreuzkümmel, Thymian, Oregano, gehackte Petersilie

Das Fleisch in heißem Öl unter Rühren krümelig braten. Salzen, pfeffern und nach Belieben weitere Gewürze zufügen. Auf die anderen beiden Teller verteilen.

Zum Schluss auf alle Nudelteller etwas Joghurt geben und mit Paprikapulver oder -flocken bestreuen.

TIPP
Wenn alle einverstanden sind, in den Joghurt ein oder zwei Knoblauchzehen pressen. Dann kurz durchziehen lassen.

CHINAKOHL AUS DEM OFEN

Diese Zubereitung bietet sich auch mit Spitzkohl an.

Zutaten für beide Gerichte: 2 Chinakohlköpfe (à ca. 500 g), längs halbiert · Salz · 125 ml Sahne · 125 ml Gemüsebrühe · 1 EL heller Saucenbinder · 1 Bund Petersilie, fein gehackt · 1 Bund Schnittlauch, in Röllchen · Salz · Pfeffer · ½ Bio-Zitrone · Fett für die Form

Die Kohlhälften in reichlich kochendem Salzwasser ca. 5 Min. ankochen und abtropfen lassen.

Für die Kräutersauce Sahne, Brühe, Saucenbinder, Petersilie und Schnittlauch in einem Topf mit einem Schneebesen verrühren und kurz aufkochen. Mit Salz und Pfeffer sowie einigen Tropfen Zitronensaft würzen. Den Backofen auf 200 °C (Umluft 180 °C) vorheizen. Die vier Kohlhälften mit der Schnittfläche nach oben in je zwei gefettete Ofenformen geben. Dann die beiden Beläge zubereiten.

🐖 MIT KNUSPRIGEN CROÛTONS

1½ EL Butter · 3 Scheiben Vollkorntoast, gewürfelt · Salz · Pfeffer · 2 rote Paprika, gewürfelt · 100 g Cheddar (oder 4 Scheiben Chester), gerieben

1 EL Butter in einer Pfanne erhitzen und das Brot darin zu Croûtons rösten. Mit Salz und Pfeffer würzen. Herausnehmen und die Paprika in der restlichen Butter anbraten. Die Hälfte der Kräutersauce auf zwei Kohlhälften verteilen. Mit den Paprikawürfeln und den Croûtons bestreuen und den Käse daraufgeben.

🐖 MIT SCHINKENWÜRFELN

1 EL Butter · 1 dicke Scheibe gekochter Schinken (ca. 150 g), gewürfelt · Salz · Pfeffer · 120 g Cheddar, gerieben (oder Blauschimmelkäse, zerkrümelt)

Butter in einer Pfanne erhitzen und die Schinkenwürfel darin schwenken, bis sie Farbe annehmen. Mit Salz und Pfeffer würzen. Die andere Hälfte der Kräutersauce auf die restlichen zwei Kohlhälften verteilen. Mit den Schinkenwürfeln bestreuen und den Käse daraufgeben.

Anschließend die beiden Formen für 30 Min. in den Backofen stellen und servieren.

FOLIENKARTOFFELN

Je dicker die Kartoffeln, desto pfundiger der Genuss.

Zutaten für beide Gerichte: 4 dicke Backkartoffeln (je nach Appetit auch mehr) · Salz · Butter zum Einfetten · 250 g Sour Cream (oder Schmand) · außerdem Alufolie

Die Kartoffeln ungeschält in leicht gesalzenem Wasser ankochen, bis sie knapp gar sind (Stäbchenprobe machen). Den Ofen auf 200 °C (Umluft 180 °C) vorheizen. Die Kartoffeln kurz abdämpfen lassen und in leicht gebutterte Alufolie wickeln. Auf dem Backblech 20–30 Min. backen, bis sie innen weich sind. Die Alufolie an der Oberseite der Kartoffeln öffnen und mit einem Messer in die Kartoffeln jeweils einen gut geöffneten Spalt drücken.

MIT EIERN, KÄSE UND FRÜHLINGSZWIEBELN

120 g zimmerwarmer milder Blauschimmelkäse · 2 hart gekochte Eier, gehackt · 2 Frühlingszwiebeln, in Ringen (oder 1 Kästchen Kresse, abgeschnitten)

Den Käse mit der Hälfte der Sour Cream verrühren. Die Eier in die Spalten von zwei Kartoffeln geben, die Käsecreme darüber verteilen und mit Frühlingszwiebeln bestreuen.

MIT NORDSEEKRABBEN

2 EL Dill, gehackt · 2 EL Mayonnaise · 150 g Nordseekrabben (Kühlregal)

Den Dill mit der anderen Hälfte der Sour Cream und Mayonnaise verrühren. Dann die Nordseekrabben in die anderen beiden Kartoffeln füllen. Zum Schluss mit der Sour-Cream-Mischung alles bedecken.

TIPP

Sind die Kartoffeln nicht vorgegart, braucht man etwas mehr Zeit: Die Kartoffeln einzeln in Alufolie wickeln und im Ofen bei 180–200 °C mind. 1 Std. durchgaren (Stäbchenprobe machen).

SCHUPFNUDELN
MIT WIRSING

Ein herzerwärmender Genuss an kühleren und kalten Tagen.

*Zutaten für beide Gerichte: 1 Wirsingkopf · Salz · Zucker · 1 EL Butter · 100 ml Sahne ·
frisch geriebene Muskatnuss · 750 g Schupfnudeln (Kühlregal) · Öl zum Braten*

Den Wirsing vierteln und den Strunk herausschneiden. Die Blätter klein schneiden.
In einen Topf geben und mit einem Schuss Wasser, etwas Salz und Zucker sowie
Butter ca. 5 Min. zugedeckt garen. Die Sahne einrühren und mit Muskat würzen.
In der Zwischenzeit die Schupfnudeln in einer Pfanne in Öl knusprig braten.

MIT ZWIEBELRINGEN

*2–3 Gemüsezwiebeln, in Ringen · 4 EL Öl ·
Salz · Pfeffer · Mehl zum Bestäuben*

Die Zwiebeln in heißem Öl unter ständigem Wenden braun braten. Mit Salz und
Pfeffer kräftig würzen. Mit Mehl bestäuben
und weiterrühren, bis das Mehl ebenfalls
gebräunt ist.

MIT KASSELER

*2 Scheiben Kasseler (à 160 g) · Schweine-
schmalz zum Braten · Pfeffer*

Die Kasselerscheiben in Schmalz unter
gelegentlichem Wenden braten, bis sie
durchgegart sind. Abschließend mit Pfeffer
würzen. Salzen ist nicht nötig, weil das
Fleisch gepökelt ist.

Wirsing und Schupfnudeln auf die Teller verteilen. Die Zwiebelringe auf zwei Teller geben,
das Fleisch auf die beiden anderen.

PASTA
ASCIUTTA

Nudeln machen glücklich – mit diesen Zutaten ganz bestimmt.

*Zutaten für beide Gerichte: 1 dicke Zwiebel, gewürfelt · Olivenöl · Salz · 1 Prise Zucker · Pfeffer ·
2 Knoblauchzehen, gehackt · 1 mittelgroße Möhre, in dünnen Scheiben · 400 g Pizzatomaten
(Dose) · 1 Lorbeerblatt · ½ TL getrockneter Oregano · 300–400 g Spaghetti · 4 EL Parmesan,
gerieben*

Die Zwiebel in heißem Öl mit Salz, Zucker und Pfeffer glasig andünsten. Knoblauch
und Möhre einrühren und die Tomaten zugeben. Lorbeerblatt und Oregano zufügen.
Die Hälfte der Tomatensauce in einen anderen Topf geben. Die Spaghetti nach Packungsanweisung in Salzwasser kochen.

MIT GRÜNKERN

*150 g Grünkernschrot · 250 ml Gemüsebrühe ·
Salz · Pfeffer*

Den Schrot in der Brühe ca. 20 Min.
garen. Ggf. abtropfen lassen und in dem
einen Topf mit der Tomatensauce mischen.
15–20 Min. leicht köcheln lassen. Noch
einmal abschmecken.

/ MIT HACKFLEISCHSAUCE

*200 g gemischtes Hackfleisch · Olivenöl ·
Salz · Pfeffer*

Das Fleisch in heißem Öl anbraten. Mit
Salz und Pfeffer leicht würzen. In den
zweiten Topf mit Tomatensauce mischen
und 15–20 Min. leicht köcheln lassen.
Dann abschmecken.

Die abgetropften heißen Spaghetti auf vier Teller verteilen. Auf zwei Nudelteller
die Grünkernsauce geben. Auf die anderen beiden die Hackfleischsauce. Alle Teller
abschließend mit Parmesan bestreuen und servieren.

SCHNITZEL MIT KARTOFFEL-GURKEN-SALAT

Geht schnell: Der Salat lässt sich am Vortag vorbereiten, die Schnitzel brauchen nicht lange.

Zutaten für beide Gerichte: ca. 750 g kleine festkochende Kartoffeln · Salz · 1 Bio-Salatgurke · 3 EL Essig · Pfeffer · 1 kleine milde Zwiebel, fein gewürfelt · 150 ml Sahne · 3–4 EL Mehl · 2 kleine Eier, verquirlt · 5–6 EL Paniermehl

Für den Salat die Kartoffeln ungeschält in leicht gesalzenem Wasser garen. In der Zwischenzeit die Gurke in dünne Scheiben schneiden, einen ½ TL Salz zugeben. Mit der Hand alles gut vermischen und dabei den Saft ausdrücken. Ruhen lassen. Aus Essig, Salz, Pfeffer, Zwiebel und Sahne die Salatsauce anrühren. Sie soll sehr würzig schmecken. Die Gurke in ein Sieb geben, mit Wasser kurz abspülen und abtropfen lassen. Die Kartoffeln abgießen, noch heiß pellen und in dünne Scheiben schneiden. Kartoffeln, Sauce und Gurke in einer Schüssel gut vermischen und ruhen lassen (am besten 1–2 Std.). Noch einmal abschmecken. Dann die Schnitzel zubereiten. Wichtig: Die Avocadoschnitzel vor den Schweineschnitzeln panieren.

🥕 MIT AVOCADO-SCHNITZELN

2 Avocados, halbiert, entkernt, geschält · Saft von ½ Zitrone · Salz · Pfeffer · Fett zum Braten

Jede Avocadohälfte in drei Spalten schneiden. Mit etwas Zitronensaft einreiben und mit Salz und Pfeffer würzen. Die Spalten erst in Mehl, dann in Ei und zuletzt im Paniermehl wenden. In heißem Fett bei mittlerer Hitze von beiden Seiten braten, bis die Panade goldgelb ist.

🐷 MIT SCHWEINESCHNITZELN

2 flache Schweineschnitzel (oder Puten-schnitzel) · Salz · Pfeffer · Fett zum Braten

Das Fleisch mit Salz und Pfeffer würzen. Dann mit den übrigen Panierzutaten weiterverfahren. Zuerst jedes Schnitzel in Mehl, dann in Ei und anschließend im Paniermehl wenden. In heißem Fett bei mittlerer Hitze von beiden Seiten braten, bis die Panade goldgelb ist.

Die Avocadoschnitzel portionsweise zusammen mit der Hälfte des Kartoffelsalats auf zwei Teller geben. Auf die beiden anderen Teller die Schweineschnitzel und den restlichen Salat servierfertig verteilen.

RISOTTO

Je fleißiger man den Reis rührt, desto cremiger wird das Ergebnis.

Zutaten für beide Gerichte: 1 dicke Zwiebel, gewürfelt · 2 EL Olivenöl · 1 Knoblauchzehe, gehackt · 300 g Risottoreis · ca. 1 l warme Gemüsebrühe

Die Zwiebel in einem Topf in heißem Öl glasig anschwitzen. Knoblauch zufügen und 1 Min. mitgaren. Den Reis einrühren und etwas Brühe angießen. Jetzt und auch weiterhin, bis der Reis gar ist, immer wieder durchrühren. Sobald die Flüssigkeit verbraucht ist, neue Brühe angießen. Wenn der Reis noch nicht ganz bissfest ist, die Hälfte der Menge in einen zweiten Topf geben.

✦ MIT SPINAT UND KÄSE

300 g Spinat · 1 EL Olivenöl · 80–100 g Parmesan, gerieben · Salz · Pfeffer

Den Spinat in einer Pfanne in heißem Öl 2 Min. durchrühren, bis er in sich zusammengefallen ist. Herausnehmen, grob hacken und dann in einen der Töpfe mit Reis rühren. Wenn die Reiskörner bissfest sind, auch den Parmesan einrühren und noch 1–2 Min. weitergaren. Mit Salz und Pfeffer würzen und auf zwei Teller verteilen.

✦ MIT MEERESFRÜCHTEN

250 g Meeresfrüchte (TK), küchenfertig, knapp aufgetaut · 1 EL Olivenöl · Salz · Pfeffer · ½ Bio-Zitrone · 2–3 EL Parmesan, gerieben

Die Meeresfrüchte in heißem Öl andünsten und mit Salz, Pfeffer sowie Zitronensaftspritzern würzen. Wenn sie gar sind, in den zweiten Topf mit Reis geben. Alles gut durchrühren, den Parmesan zufügen und noch 1–2 Min. weitergaren. Mit Salz und Pfeffer abschmecken. Auf zwei Teller verteilen.

TIPP
Der Risotto sieht besonders appetitlich aus, wenn man kurz vor Ende der Garzeit noch 2 EL feine Tomatenwürfel zufügt.

KARTOFFELN UND SENFSAUCE

Einfach in der Zubereitung und doch etwas Besonderes für jeden Tag.

Zutaten für beide Gerichte: ca. 800 g Kartoffeln, geschält · Salz · 1 EL Butter · 1 gehäufter EL Mehl · 250–300 ml warme Gemüsebrühe · Pfeffer · ½–1 TL Zucker · frisch geriebene Muskatnuss · 1 Schuss Essig · 1 EL feiner Senf (z.B. Dijon-Senf) · 100 ml Sahne · 1 Bund Schnittlauch, in Röllchen · 1 Prise getrockneter Estragon

Die Kartoffeln in Salzwasser garen. In der Zwischenzeit die Butter in einer Kasserolle schmelzen und das Mehl einrühren, bis eine glatte, blasige Masse entstanden ist. Unter fleißigem Rühren die Brühe zugeben und kurz aufwallen lassen. Mit Salz, wenig Pfeffer, Zucker und Muskatnuss würzen. Dann Essig, Senf und Sahne einrühren und noch einmal gut abschmecken. Zum Schluss die Kräuter einrühren. Die Kartoffeln abschütten, kurz ausdämpfen lassen und auf Teller verteilen.

 ### MIT EIERN

4 Eier

Die Eier weich kochen, abschrecken und pellen. Pro Person 2 warme Eier auf zwei Teller verteilen. Dann die Eier halbieren und die Hälfte der Senfsauce darübergeben.

 ### MIT HÄHNCHENBRUST

2 Hähnchenbrustfilets · 500 ml sehr würzige Hühnerbrühe

Die Filets in der erhitzten Brühe 10–13 Min. sanft durchgaren. Herausheben, auf zwei Teller geben und mit der restlichen Sauce begießen.

TIPP
Dazu passt
ein grüner Salat.

PILAW MIT KICHERERBSEN UND ROSINEN

Ein einfach zuzubereitendes orientalisches Reisgericht, das vor allem in die warme Jahreszeit passt.

Zutaten für beide Gerichte: 2 Zwiebeln, in dünnen Ringen · 3 EL Öl · 400 g Möhren, in langen Stiften (8 cm) · 6 Knoblauchzehen, ungeschält und etwas angedrückt · 125 g Rosinen · 1 EL getrocknete Cranberrys · 250 g Kichererbsen (Dose), abgetropft · ½ TL gemahlener Kreuzkümmel · ½ TL gemahlener Koriander · Salz · Pfeffer · 500 g Langkornreis

Zwiebeln unter Rühren in Öl braten, bis sie braun sind. Möhren zugeben und mitbraten. Knoblauchzehen, Rosinen, Cranberrys, Kichererbsen, Kreuzkümmel, Koriander und einen Schuss Wasser zugeben und alles vermischen. Kräftig salzen und pfeffern. Reis einrühren und alles mit Wasser auffüllen, bis es ca. 1½ cm über der Reisoberfläche steht. Einmal aufkochen lassen und warten, bis das Wasser unter die Reisoberfläche sinkt. Herdplatte auf die unterste Stufe stellen und den Deckel auflegen. Ca. 15 Min. köcheln lassen bzw. so lange, wie der verwendete Reis nach Packungsangabe braucht. Den Deckel zwischendurch nicht abnehmen. Anschließend zuerst den Seitan zubereiten.

🥕 MIT SEITAN

250 g Seitan (Glas) · Salz · Fett zum Braten

Den Seitan in Würfel schneiden, leicht salzen. In einer Pfanne in heißem Fett von allen Seiten braten. Seitan herausnehmen und warm stellen.

🦆 MIT ENTENBRUST

250 g Entenbrust ohne Haut · Fett zum Braten · Salz · Pfeffer

Das Fleisch in der Pfanne in heißem Fett braten. Es soll innen noch saftig sein. Salzen, pfeffern und in Würfel schneiden.

Den Pilaw auf vier Teller verteilen. Auf jeweils zwei Teller den Seitan und die Entenbrust geben und servieren.

SCHON VORBEREITET

Ach, wäre das schön, wenn man immer die Zeit hätte, alle Mahl-
zeiten frisch zubereitet auf den Tisch zu bringen! Leider lässt
das der Alltag nicht immer zu. Doch man muss sich nur zu helfen
wissen: Kochen Sie schon am Vorabend oder noch früher, wann
immer Sie Zeit haben. Eine leckere Suppe, ein deftiger Auflauf oder
ein Salat stehen dann am nächsten Tag, dem Kühlschrank sei Dank,
schnell auf dem Tisch. Wenn noch ein paar Handgriffe für den
letzten Schliff nötig sind: Die sind meist schnell gemacht und schon
können alle nach Herzenslust zulangen.
Von unseren Rezepten werden zwei Erwachsene satt, die Fisch
und Fleisch essen, sowie zwei Veggie-Kinder. Sie selber wissen
am besten, welche Mengen Ihre Kinder brauchen, und können die
Zutatenmengen entsprechend variieren.

LAUCH-KARTOFFEL-SUPPE

Die deftige Suppe schmeckt mit Sojaschnetzeln ebenso gut wie mit Lachs.

Zutaten für beide Gerichte: 60 g Butter · 2 Schalotten, fein gewürfelt · 700 g Lauch, weiße und hellgrüne Teile in dicken Ringen (1 cm) · 250 g festkochende Kartoffeln, geschält und gewürfelt · 400 ml Gemüsebrühe · 350 ml Milch · 1 Lorbeerblatt, mehrfach eingerissen · Salz · Pfeffer · frisch geriebene Muskatnuss · Öl zum Braten · 6 Scheiben Baguette, gewürfelt · 150 ml Sahne, steif geschlagen und kalt gestellt

Die Hälfte der Butter in einem Topf zerlassen und die Schalotten darin bei mittlerer Hitze glasig dünsten. Den Lauch und die Kartoffeln zugeben und kurz mitdünsten. Dann Brühe, Milch und das Lorbeerblatt zugeben und aufkochen. Mit Salz, Pfeffer und Muskat würzen. Die Suppe bei schwacher Hitze 30–35 Min. zugedeckt köcheln lassen. Für die Croûtons die restliche Butter zusammen mit dem Öl in einer Pfanne erhitzen und die Baguettewürfel darin knusprig braten. Mit etwas Muskat mischen und beiseitestellen. Das Lorbeerblatt herausnehmen und die Suppe sehr fein pürieren, dann noch durch ein feines Sieb streichen. Wieder erhitzen, die Sahne unterheben und abschmecken.

MIT SOJASCHNETZELN

50 g feine Sojaschnetzel · 100 ml Gemüsebrühe · ½ TL Curry · 1 EL Öl · ½ Zwiebel, fein gewürfelt

Die Schnetzel in der Brühe aufkochen, Curry dazugeben, vom Herd nehmen und 10 Min. quellen lassen. Das Öl in einer Pfanne erhitzen und die Schnetzel mit der übrigen Flüssigkeit und der Zwiebel bei mittlerer Hitze 10–15 Min. braten. Die Hälfte der Suppe in zwei tiefe Teller schöpfen und die Schnetzel und die Hälfte der Croûtons darauf verteilen.

MIT STREMELLACHS

250 g Stremellachs

Den Stremellachs ca. 3 Min. in der restlichen Suppe bei schwacher Hitze ziehen lassen, aber nicht kochen. Auf zwei Teller verteilen und die restlichen Croûtons darüberstreuen.

KICHERERBSEN-RUCOLA-SALAT

Hier gibt's mit den Kichererbsen eine super Extraportion Eisen für die Veggies!

*Zutaten für beide Gerichte: 125 ml Gemüsebrühe · 4 EL Weinessig · Salz · Pfeffer · 4 TL Senf ·
3–4 TL flüssiger Honig · 4 Schalotten, fein gewürfelt · 200 g Kichererbsen (Dose) · 200 g Rucola ·
200 g Kirschtomaten, geviertelt*

Für die Vinaigrette Brühe, Essig, Salz, Pfeffer, Senf und Honig verquirlen. Die Schalotten
unterrühren. Die Kichererbsen in einem Sieb unter fließendem Wasser abspülen. Rucola,
Tomaten und Kichererbsen mischen und in zwei Schüsseln verteilen. Jeweils die Hälfte
der Vinaigrette darunterheben.

MIT EIERN

*2 Eier, hart gekocht, in Scheiben ·
1 TL eingelegte Kapern, gehackt*

Die Eier zusammen mit den Kapern über
den Salat in einer der Schüsseln verteilen.

MIT SCAMPI

*2 TL Öl · 6 Scampi, geschält und entdarmt ·
Salz · Pfeffer*

Das Öl in einer Pfanne erhitzen und
die Scampi von jeder Seite ca. 2 Min.
braten. Aus der Pfanne nehmen, salzen
und pfeffern. Dann über den Salat in der
anderen Schüssel geben.

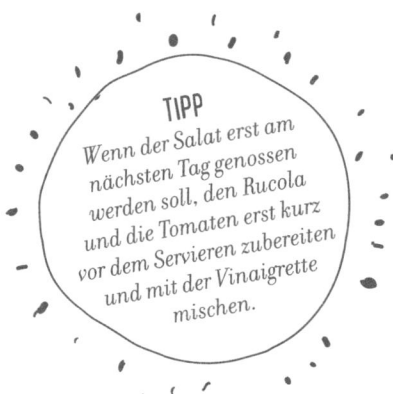

TIPP
Wenn der Salat erst am
nächsten Tag genossen
werden soll, den Rucola
und die Tomaten erst kurz
vor dem Servieren zubereiten
und mit der Vinaigrette
mischen.

INDISCHE TEIGTASCHEN

TIPP
Schmeckt besonders gut mit einem Chutney nach Wahl

Von Indien inspirierte Füllungen in Blätterteigtaschen, ganz einfach gemacht.

Zutaten für beide Gerichte: 12 Blätterteigplatten (TK) · 1 Ei

Zunächst die beiden Füllungen (siehe unten) zubereiten. Dann den Ofen auf 200 °C vorheizen (Umluft 180 °C). In der Zwischenzeit die Teigplatten 10 Min. auftauen lassen und ausrollen, sodass sie etwas länger werden. Jeweils in zwei Quadrate schneiden. Ein Backblech mit Backpapier auslegen. Das Ei verquirlen und die Teigplatten mit etwas Ei bepinseln.

🥕 MIT KARTOFFELN UND ERBSEN

1 EL Öl · 1 Msp. Kurkuma · ½ TL gemahlener Kreuzkümmel · 1 Msp. gemahlener Koriander · je 1 Prise Zimt und gemahlene Nelken · 1–2 cm frischer Ingwer, geschält und fein gerieben · 125 g Kartoffeln, geschält und fein gewürfelt · 1 kleine Möhre, geschält und grob gerieben · 50 g Erbsen (TK) · Salz · Pfeffer

Das Öl in einer Pfanne erhitzen. Kurkuma, Kreuzkümmel, Koriander, Zimt, Nelken und Ingwer darin kurz anrösten, bis sie zu duften beginnen. Die Kartoffeln unterrühren und 3–4 Min. leicht anbräunen. Dann die Möhre und ca. 3 EL Wasser zugeben. Zugedeckt ca. 5 Min. bei mittlerer Hitze garen. Dann die Erbsen zugeben und zugedeckt weitere 5 Min. bei schwacher Hitze garen. Mit Salz und Pfeffer würzen, vom Herd nehmen und auskühlen lassen.

🐑 MIT LAMMHACK

1 EL Öl · 1 Zwiebel, fein gewürfelt · 1 Msp. gemahlene Nelken · 1 Knoblauchzehe, fein gehackt · 2 grüne Chilischoten, fein gehackt · 175 g Lamm- oder Rinderhackfleisch · Salz · ½ TL getrocknete Minze · 2 TL Tomatenmark · 1 EL Koriander, gehackt

Das Öl in einer Pfanne erhitzen. Zwiebel und Nelken bei mittlerer Hitze hellbraun rösten. Knoblauch und Chilis unterrühren und kurz mitbraten. Dann das Hackfleisch zugeben, in kleine Krümel teilen, salzen und unter Rühren ca. 5 Min. anbraten. Minze und Tomatenmark unterrühren, 3 Min. weiterbraten, anschließend das Koriandergrün untermischen. Die Füllung vom Herd nehmen und auskühlen lassen.

Auf sechs Teigplatten die ausgekühlte Gemüsefüllung, auf weiteren sechs die ausgekühlte Hackfüllung in die Mitte geben. Die übrigen Platten darauflegen, die Ränder andrücken und etwas einschlagen. Die Taschen auf das Blech legen und mit dem übrigen Ei bepinseln. Damit es keine Verwechslungen gibt, die verschieden gefüllten Taschen zum Beispiel durch Einritzen mit einem scharfen Messer markieren oder sie eindeutig auf dem Blech platzieren. Dann 12–15 Min. goldbraun backen. Warm oder kalt servieren.

CHILI
ORIENTAL

Chili mal etwas anders: mit exotischer Würze.

Zutaten für beide Gerichte: 100 g rote Linsen · 3–4 EL Olivenöl · 2 Zwiebeln, fein gewürfelt ·
1 rote Chilischote, fein gehackt · 2 Knoblauchzehen, fein gehackt · 1 TL edelsüßes Paprika-
pulver · 1 TL gemahlener Kreuzkümmel · 600 g passierte Tomaten · 100 ml Gemüsebrühe ·
2 Stangen Staudensellerie, in dünnen Scheiben · 2 Möhren, geraspelt · 1 rote Paprika, in Streifen ·
1 Zucchino, in dünnen Scheiben · 250 g Kidneybohnen (Dose), abgetropft

Die Linsen in kochendem Wasser 6–7 Min. kochen, bis sie halb gar sind. Abgießen und
abtropfen lassen. 2 EL Öl in einem Topf erhitzen und die Zwiebeln darin glasig braten.
Chilischote, Knoblauch, Paprikapulver und Kreuzkümmel dazugeben und kurz mitbraten.
Die Tomaten, die Brühe und den Sellerie dazugeben. Alles bei schwacher Hitze im offenen
Topf leise köcheln lassen. In der Zwischenzeit Möhren, Paprika und Zucchini im restli-
chen Öl bei starker Hitze 2–3 Min. anbraten, dann mit den Kidneybohnen und den roten
Linsen in die Sauce geben. Diese Chili-Basis weiter leise kochen lassen.

✎ MIT KICHERERBSEN UND SOJASCHNETZELN

100 ml Gemüsebrühe · Salz · Pfeffer · Cayenne-
pfeffer · 1 Knoblauchzehe, fein gehackt ·
100 g feine Sojaschnetzel · 2 EL Olivenöl ·
100 g Kichererbsen (Dose) · 1 EL Tomaten-
mark · ½ EL Honig

Die Gemüsebrühe mit Salz, Pfeffer und
Cayennepfeffer abschmecken. Knoblauch
zugeben und die Sojaschnetzel darin ein-
weichen – am besten vor Zubereitung der
Basis-Zutaten für beide Gerichte. Dann
das Olivenöl in einer Pfanne erhitzen.
Die Sojaschnetzel auspressen und bei
starker Hitze 3–5 Min. scharf anbraten,
bis sie leicht gebräunt sind. Die Hälfte der
Chili-Basis in einen anderen Topf geben
und die Kichererbsen und Sojaschnetzel
zugeben. Mit Tomatenmark, Honig, Salz,
Pfeffer und Cayennepfeffer abschmecken.

 MIT HACKFLEISCH

250 g gemischtes Hackfleisch · Salz · Pfeffer ·
1 EL Tomatenmark · ½ EL Honig · Cayenne-
pfeffer

Das Hackfleisch in einer Pfanne ohne Fett
krümelig anbraten und mit Salz und Pfeffer
würzen. In die restliche Chili-Basis geben.
Mit Tomatenmark, Honig, Salz, Pfeffer und
Cayennepfeffer abschmecken.

WATERZOOI

Traditionell enthält dieser flämische Eintopf Fleisch. Stattdessen macht sich aber auch indischer Frischkäse hervorragend.

Zutaten für beide Gerichte: 1 EL Butter · 2 EL Öl · 400 g Kartoffeln, geschält und in dicken Scheiben (½ cm) · 300 g Möhren, dick gestiftet · Salz · Pfeffer · 400 g Lauch, weiße und hellgrüne Teile getrennt, in dicken Ringen (½ cm) · 600 ml heiße Gemüsebrühe · 2 Lorbeerblätter · 1 gebundenes Kräutersträußchen aus 3 Thymian-, 1 Rosmarin-, 3 Petersilienstängel · 200 ml Sahne · 1 Eigelb · 1 Prise Zucker · Cayennepfeffer

Die Butter und das Öl in einem Topf zusammen erhitzen. Die Kartoffeln und Möhren darin 4–5 Min. andünsten und mit Salz und Pfeffer würzen. Den weißen Teil vom Lauch zugeben und 1–2 Min. mitdünsten. Die heiße Brühe und 500 ml heißes Wasser auffüllen. Die Lorbeerblätter und das Kräutersträußchen dazugeben und zugedeckt aufkochen lassen. Sahne und Eigelb in einer Schale verquirlen. Mit 300 ml vom heißen Sud verrühren. Dann die Eiersahne unter Rühren zum Eintopf geben. Das Hellgrüne vom Lauch ebenfalls zugeben, 2–3 Min. bei mittlerer Hitze ziehen, aber nicht mehr kochen lassen. Das Sträußchen und die Blätter aus dem Eintopf nehmen. Eintopf mit Salz, Zucker und Cayennepfeffer abschmecken.

⚘ MIT GEBRATENEM PANEER

1 ½ l Vollmilch · Saft von 1 Zitrone · 2 EL Öl · Salz

Die Milch aufkochen. Sobald sie kocht, den Topf von der Platte ziehen und den Zitronensaft einrühren. Nun trennt sich der Eiweißteil von der grünlichen Molke. Die Masse durch ein Sieb, ausgelegt mit einem sauberen Tuch, abgießen und im Tuch ausdrücken. Dann das Tuch samt Inhalt auf ein Schneidbrett legen und mit einem Nudelholz etwas ausrollen. Mit einem zweiten Brett und z. B. mit Konservendosen beschweren. 1–2 Std. ruhen lassen. Den Frischkäse aus dem Tuch nehmen, in Stücke schneiden und in einer Pfanne mit Öl von allen Seiten anbraten und mit etwas Salz würzen.

✿ MIT HÄHNCHENFLEISCH

300 g Hähnchenbrustfilet · Salz · Pfeffer · 200 ml Hühnerbrühe · 1 EL Petersilie, gehackt

Das Fleisch von allen Seiten mit Salz und Pfeffer würzen. Die Brühe zum Kochen bringen, dann auf mittlere Hitze reduzieren und das Fleisch darin zugedeckt 10–12 Min. garen. Herausnehmen und in Scheiben schneiden.

Die Suppe in vier tiefe Teller schöpfen. Den Paneer auf zwei Teller verteilen. Die Fleischscheiben in die anderen Teller geben und Petersilie darüberstreuen.

KÄSE-MAKKARONI-AUFLAUF

Aufläufe kommen immer gut an und schmecken. Wenn Nudeln im Spiel sind, dann sowieso.

Zutaten für beide Gerichte: 3 Eier · 100 ml Milch · Salz · Pfeffer · frisch geriebene Muskatnuss · 400 g Makkaroni · 250 g Brokkoliröschen

Eier und Milch in einem hohen Gefäß mit Salz, Pfeffer und Muskat würzen und kräftig mit dem Schneebesen verquirlen. Die Makkaroni nach Packungsanweisung in Salzwasser al dente garen. Die Brokkoliröschen 2 Min. vor Ende der Garzeit zugeben und mitgaren. Die Nudeln mit dem Brokkoli abgießen und abtropfen lassen. In zwei kleine Auflaufformen verteilen. Den Ofen auf 180 °C vorheizen.

MIT MAIS UND PAPRIKA

½ rote Paprika, gewürfelt · 1 TL Öl · 50 g Mais (Dose) · 50 g junger Gouda, grob gerieben

Die Paprikawürfel in einer kleinen Pfanne in Öl 5–10 Min. braten. Dann zusammen mit dem Mais und der Hälfte des Käses unter die Nudelmasse in der einen Auflaufform mischen. Die Hälfte der Eiermilch unterrühren und den übrigen Käse darüberstreuen.

MIT CHORIZO

50 g Chorizo · 50 g junger Gouda, grob gerieben

Die Chorizo fein würfeln und mit der Hälfte des Käses unter die Nudelmasse in der zweiten Auflaufform mischen. Die andere Hälfte der Eiermilch ebenfalls unterrühren und den restlichen Käse darüberstreuen.

Beide Aufläufe ca. 40 Min. backen. Dann heiß auf den Tisch stellen und servieren.

WEISSE BOHNENSUPPE MIT BIRNE

Dieser Eintopf verlangt nach einer kräftig-rauchigen Einlage – die kriegt er mit Räuchertofu oder Kasseler.

Zutaten für beide Gerichte: 3 EL Olivenöl · 2 Zwiebeln, in Ringen · 2 Knoblauchzehen, fein gehackt · ½ TL getrockneter Rosmarin · ½ TL Thymian · 1 rote Chili, entkernt, in feinen Ringen · 2 Gläser dicke weiße Bohnen (à 560 g), abgetropft · 1 l Gemüsebrühe · Salz · Pfeffer · 1 Birne, entkernt, gewürfelt · 4 Petersilienstängel, gehackt

Das Öl in einem großen Topf erhitzen. Zwiebeln, Knoblauch, Rosmarin, Thymian und Chili darin anschwitzen. Die Bohnen mit der Flüssigkeit zugeben, mit der Brühe auffüllen, salzen, pfeffern und 7–8 Min. köcheln lassen. Dann die Birnenstücke hineingeben und noch 1 Min. kochen. Die Suppe in die Teller verteilen.

 ## MIT RÄUCHERTOFU

100 g Räuchertofu · 2 EL Öl · 1 EL Sojasauce

Den Tofu in Küchenpapier ausdrücken und in 1 cm große Würfel schneiden. Zuerst ohne Öl in einer beschichteten Pfanne unter Wenden braten, bis er beginnt, braun zu werden. Dabei ab und zu mithilfe des Pfannenwenders etwas Flüssigkeit ausdrücken. Nun erst das Öl zugeben und alles unter Wenden weiterbraten, bis es schön kross ist. Den Tofu vom Herd nehmen, mit der Sojasauce vermischen und darin wenden. Dann in zwei der Suppenteller geben und die Hälfte der Petersilie darüberstreuen.

MIT KASSELER

80 g mageres Kasseler, gewürfelt

Das Kasseler in einer Pfanne ohne Fett kurz unter Rühren anbraten. Danach in die beiden anderen Suppenteller geben und die restliche Petersilie darüberstreuen.

KARTOFFELSALAT
MIT ÄPFELN

Mit Gurken, Ei und Äpfeln – ein leckerer Klassiker zum Reinsetzen!

Zutaten für beide Gerichte: 1 kg festkochende Kartoffeln · 2 große Zwiebeln, fein gewürfelt ·
2 große Äpfel, geschält, gewürfelt · 6 Gewürzgurken, gewürfelt · 6 Eier, hart gekocht, gewürfelt ·
100 g Mayonnaise · 100 g Vollmilchjoghurt · Salz · Pfeffer · Paprikapulver

Die Kartoffeln waschen, aber nicht schälen und in reichlich Salzwasser ca. 25 Min. weich
kochen. Abkühlen lassen, pellen und in dünne Scheiben schneiden. Die Zwiebeln, Äpfel,
Gurken und Eier dazugeben. Die Mayonnaise mit dem Joghurt gründlich verrühren.
Kräftig mit Salz, Pfeffer und Paprika würzen. Die Mayonnaisemischung unter die Salatzutaten heben und auf zwei Schüsseln aufteilen. Dann die beiden Varianten zubereiten.

🥕 MIT ERBSEN UND GOUDA

100 g Erbsen (TK) · 80 g Gouda, gewürfelt ·
1 EL Petersilie, gehackt

Die Erbsen in wenig Wasser 3–4 Min.
köcheln lassen, abgießen, mit dem Käse
und der Petersilie in eine der Schüsseln
geben.

🐷 MIT SALAMI

250 g Salami

Die Salami klein würfeln und unter die
Salatzutaten in der anderen Schüssel
mengen.

TIPP
Beide Salate mehrere
Stunden oder sogar
über Nacht durch-
ziehen lassen.

GEFÜLLTE ZUCCHINI

Für Zucchini bietet sich 1001 Füllung an. Hier gibts eine mit Couscous für beide Varianten.

Zutaten für beide Gerichte: 4 Zucchini (à ca. 200 g) · Salz · 150 g Feta, gewürfelt · 1 l Tomatensaft

Die Zucchini längs halbieren. Mit einem Löffel das Fruchtfleisch auskratzen. Dabei rundum einen 1 cm breiten Rand stehen lassen. Die Zucchinihälften leicht salzen. Zucchinifruchtfleisch in kleine Würfel schneiden. Den Backofen auf 180 °C vorheizen (Umluft 160 °C).

MIT COUSCOUS UND ROSINEN

150 g Couscous · 1 Zwiebel, fein gewürfelt · 1 Knoblauchzehe, fein gewürfelt · 1 TL Öl · 2 EL Pinienkerne · 2 EL Rosinen · 2 Frühlingszwiebeln, in Ringen · Salz · Pfeffer

Couscous mit der doppelten Menge kochendem Wasser übergießen und 5 Min. quellen lassen. Zwiebel und Knoblauch und die Hälfte des Zucchinifruchtfleischs zusammen in Öl in einer Pfanne kurz andünsten. Pinienkerne, Rosinen, Frühlingszwiebeln und die Zwiebel-Zucchinimischung zum Couscous geben und vorsichtig vermischen. 100 g Feta unterheben. Die Füllung in vier Zucchinihälften verteilen und in eine Form setzen. Mit 500 ml Tomatensaft begießen und ca. 20 Min. backen.

MIT HACKFLEISCH UND COUSCOUS

150 g Rinderhackfleisch · 150 g Couscous · 1 Ei · 100 g getrocknete Tomaten · 1 TL Salz · Pfeffer · 2 TL getrocknetes Basilikum

Das Hackfleisch mit Couscous, Ei, getrockneten Tomaten und dem restlichen Zucchinifruchtfleisch verkneten. Die Teigmasse mit Salz, Pfeffer und Basilikum würzen und gleichmäßig in die restlichen vier Zucchinihälften füllen. In einer zweiten Auflaufform die Zucchini verteilen und mit dem restlichen Tomatensaft begießen. Den verbliebenen Feta darüberkrümeln und ca. 40 Min. backen.

ZWIEBELKUCHEN

Die Zwiebeln auf dem deftigen Kuchen werden durch das lange Garen gut bekömmlich.

*Zutaten für beide Gerichte: 500 g Weizenmehl plus etwas für die Arbeitsfläche · 1 Pck. Trocken-
hefe · 6 Eier · 50 g Butter · Salz · 1–2 EL Essig · 2 EL Öl plus etwas für das Blech · 1 kg Zwiebeln,
in Ringen · ca. ½ TL Kümmelsamen · 125 ml Milch · Salz · Pfeffer*

Mehl und Trockenhefe in einer Schüssel mischen. 2 Eier, Butter, 1 Prise Salz, Essig und
ca. 375 ml Wasser zufügen. Alles zu einem Teig verkneten und zugedeckt an einem warmen Ort ca. 20 Min. gehen lassen. Das Öl in einer Pfanne erhitzen und die Zwiebeln bei
schwacher Hitze goldgelb braten. Den Backofen auf 200 °C vorheizen. Den Teig nochmals
durchkneten und auf einer mit Mehl bestäubten Arbeitsfläche in der Größe des Back-
blechs ausrollen. Das Backblech fetten und den Teig darauf weitere 20 Min. gehen lassen,
bis sich sein Volumen verdoppelt hat. Dann die Zwiebeln darauf verteilen. Die restlichen
Eier mit dem Kümmel und der Milch verquirlen, mit Salz und Pfeffer abschmecken und
über die Zwiebeln gießen. Den Kuchen ca. 25 Min. backen.

 MIT NACHOS

 MIT SPECK

100 g Nachos mit Käse (Tüte)

250 g durchwachsener Räucherspeck

Die Nachos in einen Gefrierbeutel füllen,
verschließen und mit dem Nudelholz
darüberrollen, bis sie grobe Krümel sind.

Den Räucherspeck fein würfeln und
dann in einer beschichteten Pfanne
ohne Fett auslassen.

Den Zwiebelkuchen aus dem Ofen holen und eine Hälfte mit den Nachokrümeln
bestreuen. Auf der anderen Hälfte den Speck gut verteilen und alles im noch heißen
Ofen 10 Min. fertig backen. Den Kuchen vierteln und heiß servieren.

TIPP
Statt Nachsos machen
sich auch zerkrümelte
Chips sehr gut, zum
Beispiel mit schar-
fem Paprika pikant
gewürzt.

GEMÜSESUPPE

Bunte Suppe mit leckeren Klößchen für alle.

Zutaten für beide Gerichte: 2 EL Öl · 1 Zwiebel, gewürfelt · 1 Stange Lauch, geputzt, in Ringen · 500 g Kartoffeln, geschält, gewürfelt · 200 g Möhren, geschält, in Scheiben · 150 g Kohlrabi, geschält, gewürfelt · 1¼ l Gemüsebrühe · 1 TL getrockneter Majoran · 150 g Erbsen (TK) · Salz · Pfeffer

Das Öl in einem Topf erhitzen und die Zwiebel darin glasig dünsten. Lauch, Kartoffeln, Möhren und Kohlrabi zufügen und kurz, aber kräftig anbraten. Mit der Brühe ablöschen, aufkochen und zugedeckt 15–20 Min. garen, bis das Gemüse fast durch ist. In den letzten 2 Min. Majoran und Erbsen zugeben. Mit Salz und Pfeffer würzen. Die Suppe zu gleichen Teilen auf zwei Töpfe verteilen.

MIT GRÜNKERNKLÖSSCHEN

30 g Butter, zerlassen · 1 Ei · 3 EL Gemüsebrühe · 20 g Emmentaler, fein gerieben · 60 g Grünkernmehl · ½ TL Salz · frisch geriebene Muskatnuss

Butter, Ei, Brühe, Käse und Mehl verrühren, mit Salz und Muskat würzen und 30 Min. ruhen lassen. Dann mit feuchten Händen aus dem Teig walnussgroße Klößchen formen und in den einen Suppentopf geben. Darin ca. 12 Min. bei mittlerer Hitze gar ziehen lassen, aber nicht mehr kochen.

MIT HACKKLÖSSCHEN

250 g gemischtes Hackfleisch · 3 EL Paniermehl · 1 Ei · Salz · Pfeffer · ½ TL getrockneter Majoran

Hackfleisch, Paniermehl und Ei kräftig mit Salz, Pfeffer und Majoran würzen und mit den Händen durchmischen. Mit feuchten Händen aus dem Fleischteig walnussgroße Klößchen formen. Die Fleischklößchen in den anderen Suppentopf geben und darin ebenfalls ca. 12 Min. bei mittlerer Hitze gar ziehen lassen, aber nicht mehr kochen.

TIPP
Beide Klößchenvarianten lassen sich verschieden würzen: feurig mit rosenscharfem Paprikapulver und 1 Prise Chili, leicht asiatisch mit Curry und Ingwerpulver oder mit verschiedenen Kräutern.

TORTILLAWRAPS MEXIKANISCH

Schnelle Wraps, die Veggie-Fans und Fleischesser begeistern.

Zutaten für beide Gerichte: 2 EL Olivenöl · 1 Zwiebel, fein gewürfelt · 1 Knoblauchzehe, fein gewürfelt · 1 grüne Paprika, fein gewürfelt · 2 EL Tomatenmark · 100 ml Gemüsebrühe · 4 Tortillawraps (Fertigprodukt)

Für die Paprika-Tomatenmasse das Öl in einer Pfanne erhitzen und Zwiebel, Knoblauch und Paprika darin anbraten. Tomatenmark zugeben, mit der Brühe ablöschen und 5 Min. bei mittlerer Hitze zugedeckt dünsten. Eine andere Pfanne ohne Fett erhitzen. Tortillas nacheinander bei mittlerer Hitze nach Packungsangabe von beiden Seiten aufbacken und warm halten.

🥕 MIT MAIS UND BOHNEN

100 g Kidneybohnen (Dose) · 100 g weiße Bohnen (Dose) · 100 g Mais (Dose) · Salz · Pfeffer · Cayennepfeffer

Bohnen und Mais zu einer Hälfte der Paprika-Tomaten-Masse geben. Gut vermengen und mit Salz und Pfeffer abschmecken.

🐔 MIT HÄHNCHENFLEISCH

200 g Hähnchenbrustfilet, in Streifen · 100 g Mais (Dose) · 1 EL Öl · Salz · Pfeffer · Cayennepfeffer

Öl in einer Pfanne erhitzen und das Filet von allen Seiten ca. 5 Min. braten. Dann mit dem Mais zu der anderen Hälfte der Paprika-Tomaten-Masse geben. Mit Salz und Pfeffer abschmecken.

Jede Füllung in jeweils zwei Tortillas wickeln und servieren.

PIZZA MIT RUCOLA, TOMATEN UND PARMESAN

Der Großteil des Belags kommt erst nach dem Backen drauf: superfrisch mit Salat und Kirschtomaten.

Zutaten für beide Gerichte: 300 g Mehl · 1 Pck. Trockenhefe · Salz · 4 EL Olivenöl plus etwas für das Blech · 400 g stückige Tomaten (Dose) · Pfeffer · 1 Prise Zucker · 1 TL Oregano · 1 Knoblauchzehe, gehackt · 200 g Kirschtomaten, halbiert · 2 Handvoll Rucola · 40 g Parmesan, fein gehobelt

Mehl, Hefe, Salz, 150 ml lauwarmes Wasser und 2 EL Olivenöl zu einem Hefeteig verkneten und zugedeckt an einem warmen Ort 45 Min. gehen lassen. Dann den Backofen auf 220 °C vorheizen und ein Backblech mit etwas Öl einpinseln. Den Pizzateig auf die Größe des Backbleches ausrollen und auf das Blech legen. Die Dosentomaten mit Salz, Pfeffer, Zucker und Oregano würzen. Den Knoblauch zugeben und alles auf dem gesamten Teig verteilen.

🥕 MIT HALLOUMI

75 g Halloumi, in dünnen Scheiben (halbfester zypriotischer Käse)

Die Käsescheiben auf einer Hälfte des Teigs verteilen. Dann die gesamte Pizza in den Ofen schieben und 12–15 Min. fertig backen.

 MIT SCHINKEN

75 g roher Schinken (am besten Serrano), in hauchdünnen Scheiben

Die Hälfte der Pizza ohne Käse nach dem Backen noch mit den Schinkenscheiben bestücken.

Nach dem Backen die gesamte Pizza mit Kirschtomaten, Rucola und Parmesanspänen belegen. Das restliche Olivenöl darüberträufeln. Dann die Pizza vierteln, auf vier Teller verteilen und servieren.

TIPP
Wer es eilig hat, verwendet einen fertigen Pizzateig.

MOUSSAKA

Für das Hack im griechischen Hack-Auberginen-Auflauf gibt es eine leckere Alternative: rote Linsen.

Zutaten für beide Gerichte: 2 TL Butter · 1 TL getrockneter Rosmarin · 40 g Mehl · 600 ml Milch · Salz · Pfeffer · 1 Prise Zucker · 2 Auberginen (à 300 g), in Scheiben (1 cm) · 6 EL Olivenöl · 1 Zwiebel, gewürfelt · 1 TL Zimt · 400 g stückige Tomaten (Dose) · 1 Knoblauchzehe, geschält und halbiert · 600 g Kartoffeln, geschält und dünn gehobelt · Muskat · 1 Mozzarella, in Scheiben · 1 Tomate, in Scheiben

Für die Béchamelsauce die Butter mit dem Rosmarin in einem Topf langsam erhitzen. Das Mehl einrühren und unter Rühren ca. 1 Min. dünsten. Die Milch nach und nach zugießen, aufkochen lassen und unter Rühren mit dem Schneebesen andicken. Mit Salz, Pfeffer und Zucker abschmecken. Zur Seite stellen und gelegentlich umrühren, damit sich keine Haut bildet. Den Backofen auf 200 °C vorheizen. Die Auberginen von beiden Seiten mit 3–4 EL Olivenöl bepinseln und mit Salz und Pfeffer würzen. 15–20 Min. im Ofen rösten. Für die Tomatensauce das restliche Öl in einer Pfanne erhitzen, die Zwiebel hineingeben, mit Zimt bestäuben und andünsten. Tomaten und Knoblauch zufügen und ca. 10 Min. bei mittlerer Hitze köcheln lassen. Die Kartoffeln in Salzwasser 2–3 Min. vorkochen und abtropfen lassen. Mit Salz, Pfeffer und Muskat abschmecken.

 ### MIT ROTEN LINSEN

200 g rote Linsen

Die Linsen in reichlich Wasser 7–10 Min. nach Packungsanweisung gar kochen. In einem Sieb kalt abspülen und abtropfen lassen. Dann unter die Hälfte der vorge-kochten Tomatensauce rühren. Jeweils die Hälfte der Béchamelsauce, der Kartof-felscheiben und der Auberginen mit der Linsen-Tomaten-Mischung im Wechsel in eine kleine ofenfeste Form schichten.

 ### MIT HACK

2 EL Olivenöl · 250 g gemischtes Hackfleisch

Olivenöl in einer Pfanne erhitzen. Das Hackfleisch darin krümelig anbraten und unter die zweite Hälfte der vorgekochten Tomatensauce rühren. Jeweils die zweite Hälfte der Béchamelsauce, der Kartoffel-scheiben und der Auberginen mit der Hack-Tomaten-Mischung im Wechsel in eine zweite kleine ofenfeste Form schichten.

Wenn die beiden Moussaka-Varianten in den Formen sind, jeden Auflauf noch mit Mozzarella und Tomatenscheiben belegen und 35–45 Min. backen. Dann die Formen mit geeignetem Servierbesteck zur Selbstbedienung auf den Tisch stellen.

KIDNEYBOHNEN-BROKKOLI-SALAT

Ob Wurst oder gewürzter Tofu – dieser Salat schmeckt allen.

Zutaten für beide Gerichte: 400 g Kidneybohnen (Dose) · Salz · 1 Lorbeerblatt · 2 EL Balsamico · Pfeffer · 3½ EL Olivenöl · 1 TL getrockneter Thymian · 1 EL Petersilie, gehackt · 1 grüne Paprika, gewürfelt · 2 Tomaten, gewürfelt · 3 Artischockenherzen (Glas), längs geviertelt · 250 g Brokkoli-röschen, in Scheiben

Die Bohnen in Salzwasser mit dem Lorbeerblatt zum Kochen bringen und ca. 20 Min. garen.
Währenddessen den Essig mit Salz und Pfeffer vermischen und mit dem Öl verrühren. Thymian und Petersilie untermischen. Die Paprika und die Tomaten mit der Vinaigrette vermischen.

MIT ITALIENISCHEM TOFU

100 g Tofu mit italienischer Würzmischung, in dicken Stiften (1 cm) · 1 EL Rosmarinnadeln · 1½ EL Öl · 1 Knoblauchzehe, gehackt

Den Tofu mit Rosmarin bestreuen. Das Öl in der Pfanne erhitzen, Knoblauch und Tofu hinzufügen und bei schwacher Hitze unter gelegentlichem Wenden 5 Min. bräunen.

MIT CHORIZO

1½ EL Öl · 80 g Chorizo, in Scheiben · 1 Knoblauchzehe, gehackt · getrockneter Thymian · getrockneter Oregano · Cayenne-pfeffer

Das Öl in der Tofu-Bratpfanne erhitzen und die Wurstscheiben darin anbraten. Knoblauch, Kräuter und Cayennepfeffer zugeben und alles kurz mitbraten.

Die Bohnen abgießen, abtropfen lassen und ebenfalls mit der Vinaigrette vermischen. Nochmals mit Pfeffer und Salz abschmecken. Die Artischockenherzen und den Brokkoli zufügen. Den Salat in zwei Schüsseln aufteilen. Den Tofu mit dem Knoblauch unter den Salat in der einen Schüssel heben, die gebratene Wurst unter den anderen. Dann servieren.

TIPP
Für die Nichtvegetarier macht sich auch Thunfisch statt Chorizo gut im Salat. Das geht schneller in der Zubereitung.

FRUCHTIGES KARTOFFELGRATIN

Zwei Gratins, beide Male mit Frucht, denn Apfel und Birne passen bestens zu Kartoffeln.

Zutaten für beide Gerichte: 1 kg festkochende Kartoffeln, geschält und in dünne Scheiben gehobelt · Salz · 1 TL Butter

Die Kartoffeln in Salzwasser 10 Min. weich kochen. Wasser abgießen und die Kartoffeln abdampfen lassen. Den Ofen auf 200 °C (Umluft 180 °C) vorheizen. Zwei kleine Formen mit der Butter ausstreichen.

MIT LAUCH UND APFEL

1 Stange Lauch, in Ringen · Salz · Pfeffer · 100 ml Sahne · 1 Apfel, fein gewürfelt · 1 EL getrockneter Majoran · 1 EL Sesamsamen · 80 g Bergkäse, gerieben · 1 EL Butter

Den Lauch und die Hälfte der Kartoffeln in eine der Formen schichten, mit Salz und Pfeffer würzen. Die Sahne dazugießen. Apfelwürfel mit Majoran, Sesam und Käse mischen und mit Pfeffer abschmecken. Auf dem Gratin verteilen und mit Butterflöckchen belegen.

MIT BIRNE UND SPECKSAUCE

1 TL Butter · 1 Zwiebel, gewürfelt · 40 g durchwachsener Räucherspeck, gewürfelt · 1 TL getrockneter Thymian · 150 ml Fleischbrühe · 1 Birne, geviertelt und in Scheiben · Salz · Pfeffer

Die Butter in einer Pfanne erhitzen und die Zwiebel sowie den Speck darin dünsten. Den Thymian zugeben und mit der Brühe ablöschen. Die Brühe aufkochen lassen. Die restlichen Kartoffeln abwechselnd mit der Birne in die zweite Form schichten. Salzen und pfeffern. Die Brühe darauf verteilen.

Beide Gratins ca. 30 Min. backen. Dann heiß servieren.

BROKKOLI-AUFLAUF

Ein Auflauf-Klassiker, der für Vegetarier wie auch für Fleischliebhaber lecker aufgepeppt wird.

Zutaten für beide Gerichte: 1 kg Brokkoliröschen, Stiele geschält und gewürfelt · Salz · 6 Eier · 250 ml Sahne · Pfeffer · frisch geriebene Muskatnuss · 1 TL Butter · 200 g Schafskäse, zerbröselt

Den Brokkoli in Salzwasser ca. 8 Min. bissfest kochen. Die Eier mit der Sahne verquirlen, mit Pfeffer und Muskat würzen. Den Backofen auf 200 °C vorheizen. Zwei kleine Formen mit der Butter ausstreichen.

 MIT MANDELBLÄTTCHEN    MIT GEKOCHTEM SCHINKEN

50 g Mandelblättchen · 1 TL Öl · 1 rote Paprika, fein gewürfelt

100 g gekochter Schinken

Die Mandeln in einer Pfanne ohne Fett rösten, bis sie duften. Aus der Pfanne nehmen, das Öl darin erhitzen und die Paprika 5–10 Min. darin rösten. Die Hälfte des Brokkolis mit den Paprikawürfeln in die eine Auflaufform geben. 100 g Schafs-käse darauf verteilen. Mit einer Hälfte der Sahnemischung übergießen, die Mandeln daraufstreuen.

In die zweite Auflaufform die andere Hälfte der Brokkoliröschen füllen. Den Schinken fein würfeln und dazumischen. Dann den restlichen Schafskäse darauf verteilen. Das Ganze mit der anderen Hälfte der Sahne-mischung übergießen.

Beide Aufläufe dann 25–30 Min. backen. Danach heiß servieren.

NUDELSALAT MIT PFIFFERLINGEN

Nudelsalat mit einem gewissen Extra, denn hier kommen noch deftige Klößchen rein.

Zutaten für beide Gerichte: 250 g kurze Makkaroni · Salz · 5–6 EL Öl · 300 g Pfifferlinge ·
1 Stange Lauch, in halben Ringen · Pfeffer · 4–5 EL Weißweinessig · ca. 50 ml Gemüsebrühe ·
1 Prise Zucker · 200 g Tomaten, gewürfelt · ½ Endiviensalat, in Streifen · 2 EL Petersilie, gehackt

Die Nudeln in kochendem Salzwasser nach Packungsanweisung al dente kochen. 2 EL Öl
in einer großen Pfanne erhitzen und die Pilze darin unter häufigem Rühren ca. 5 Min.
braten. Nach 2–3 Min. den Lauch zugeben. Mit Salz und Pfeffer würzen und aus der Pfanne nehmen.
Die Nudeln abgießen, abschrecken und abtropfen lassen. Für die Vinaigrette Essig und
Brühe mischen und kräftig mit Salz, Pfeffer und Zucker würzen. Das restliche Öl in einem
dünnen Strahl unter kräftigem Rühren darunterschlagen. Nudeln, Pilze, Lauch, Tomaten,
Endiviensalat und Petersilie mischen und die Vinaigrette unterheben.

MIT HIRSEKLÖSSCHEN

½ TL Butter · 60 g Hirse · 60 ml Milch ·
60 ml Gemüsebrühe · 1 EL Weizengrieß ·
30 g Blauschimmelkäse, zerbröckelt · ½ Bund
Petersilie, gehackt · Fett für die Form

Den Backofen auf 200 °C vorheizen
(Umluft 180 °C). Butter in einem
kleinen Topf zerlassen und die Hirse kurz
darin unter Rühren rösten. Dann Milch
und Brühe angießen und mit dem Grieß
und Käse verrühren. Die Petersilie ein-
streuen, nochmals aufkochen und abkühlen lassen. Klößchen vom Teig abstechen,
in eine gefettete Auflaufform setzen und
10–15 Min. backen.

MIT BRATWURSTKLÖSSCHEN

1 EL Öl · ca. 100 g rohe Bratwurst

Das Öl in einer Pfanne erhitzen. Das
Wurstbrät als kleine Klößchen aus der Pelle
drücken und im Öl rundherum 4–5 Min.
braten.

Den Salat auf zwei Schüsseln verteilen. In der einen die abgekühlten Hirseklößchen
unter den Salat heben. Die Bratwurstklößchen in der zweiten Schüssel untermengen.
Dann servieren.

TIPP
Die Hirseklößchen lassen
sich gut einfrieren. Es lohnt
sich, eine größere Menge
zuzubereiten und sie bei
Bedarf aufzutauen. Sie
sind auch eine schöne
Beilage zu Gemüse.

FÜR FESTLICHE ANLÄSSE

Gibt es etwas zu feiern? Den 80. Geburtstag der Oma? Das Weih-
nachtsfest? Oder einfach einen lauen, langen Sommerabend
zusammen mit Freunden im Garten? In der Küche darf es dann
ausnahmsweise etwas länger dauern, schließlich wird jetzt für ein
paar Esser mehr gekocht und es soll etwas Besonderes sein. Dann
also bitte alle am fein gedeckten Tisch Platz nehmen, jetzt wird groß
aufgefahren und stundenlang geschlemmt!
Unsere Rezepte sind für sechs bis acht Portionen berechnet, jeweils
zwei davon enthalten weder Fisch noch Fleisch. Und sollten mehr
Gäste kommen, rechnet man die Mengen nach dem kleinen Ein-
maleins einfach um.

ÜBERBACKENE MAJORAN-KLÖSSCHEN

Wenn sich die ganze Familie zu einer Geburtstagsfeier um den Tisch versammelt, kommt diese Gaumenfreude garantiert bei allen an.

Zutaten für beide Gerichte: 2 kg mehligkochende Kartoffeln, geschält, grob gewürfelt · Salz · 400 g Mehl · 6 Eigelb · Pfeffer · 2 EL getrockneter Majoran · Fett für die Form · 250 ml Sahne · 160 g Appenzeller, gerieben · 60 g Butter

Kartoffeln in Salzwasser garen, abgießen und ausdämpfen lassen. Durch die Kartoffelpresse drücken. Mehl und Eigelbe zufügen und alles zu einem geschmeidigen Teig verkneten. Mit Salz, Pfeffer und Majoran würzen. Den Teig zu walnussgroßen Klößchen formen. Die Klößchen in schwach siedendem Salzwasser ca. 10 Min. gar ziehen lassen, bis sie oben schwimmen. Den Backofen auf 210 °C (Umluft 190 °C) vorheizen. Eine feuerfeste Form einfetten, die Klößchen aus dem Wasser heben, abtropfen lassen und dicht an dicht in die Form setzen. Die Sahne darübergießen und den Käse aufstreuen. Die Butter in Flöckchen obenauf setzen. Die Klößchen ca. 30 Min. goldbraun backen.

🥕 MIT GRÜNEM SPARGEL

500 g grüner Spargel (oder Brokkoliröschen oder vorgekochte Schwarzwurzeln) · 1–2 EL würzige Kräuterbutter · Salz · 2 Eier

Während die Klößchen im Ofen backen, das untere Drittel des Spargels schälen und die Enden abschneiden. Die Stangen (oder die Brokkoliröschen bzw. die Schwarzwurzeln) in einer Pfanne in der Kräuterbutter gar dünsten. Mit Salz abschmecken. Die Eier hart kochen, pellen und hacken.

🐄 MIT KALBFLEISCHRAGOUT

150 g Räucherspeck, gewürfelt · 50 g Butter · 700 g Zwiebeln, in Ringen · ca. 1¼ kg Kalbfleisch, in Gulaschwürfeln · 3 EL edelsüßes Paprikapulver · Salz · Pfeffer · 150 ml Weißwein · 250 ml Fleischbrühe · 200 g Schmand

Den Speck in einem nicht zu weiten Topf in Butter sanft anbraten. Dann schichtweise Zwiebeln und Fleisch hineingeben. Jede Lage mit Paprika, Salz und Pfeffer würzen. Wein und Brühe angießen, Deckel auflegen und 1–1½ Std. köcheln lassen, bis das Fleisch gar ist. Nicht umrühren.

Die Klößchen auf die Teller verteilen. Den Spargel auf zwei Teller geben und mit Ei bestreuen. Die weiteren Portionen mit dem Ragout servieren, hier jeweils einen Klecks Schmand aufsetzen.

TIPP
Dazu passt Feldsalat.

OFENGEMÜSE

Leicht und sommerlich schmeckt dieses Ofengemüse Kindern wie Eltern – am besten zur Feier des schönen Wetters auf Balkon oder Terrasse.

Zutaten für beide Gerichte: 2–3 rote Paprika, gewürfelt · 2 mittelgroße Zucchini, gewürfelt · 8 reife Tomaten, in Scheiben · 2 rote Zwiebeln, in Streifen · 4 Knoblauchzehen, in dünnen Scheiben · 1 große Aubergine, längs halbiert und in Scheiben · 2 EL getrockneter Thymian · 125 ml Olivenöl · Salz · Pfeffer · 2 Baguettes

Den Backofen auf 180 °C (Umluft 160 °C) vorheizen. Das Gemüse mit Thymian und Öl mischen. Kräftig mit Salz und Pfeffer würzen. In zwei Formen verteilen. Nun den Fisch vorbereiten (siehe unten). Danach die Veggie- und die Fisch-Formen ca. 30 Min. garen. In der Zwischenzeit die Gnocchi für die Vegetarier zubereiten.

MIT GRÜNKERN-GNOCCHI

200 g Pellkartoffeln, geschält, abgekühlt · 100 g Grünkernschrot · 160 g Mehl · 5 Eier · 2 Knoblauchzehen, gehackt · Salz · Pfeffer · 150 g Gouda, grob gerieben

Die Kartoffeln durch die Presse drücken. Den Schrot in einer Pfanne ohne Fett leicht rösten. Abgekühlt mit Mehl, Eiern, Kartoffeln, Knoblauch, Salz und Pfeffer verrühren und ca. 30 Min. quellen lassen. Dann den Käse unterrühren. Mit einem nassen Esslöffel Klößchen abstechen und portionsweise in siedendem Salzwasser ca. 5 Min. gar ziehen lassen.

MIT DORADE

4–6 Doraden (pro Person ca. 400 g), küchenfertig · 240–360 ml Olivenöl (je Dorade 60 ml) · Salz · Pfeffer

Die Doraden innen und außen abbrausen und gründlich mit Küchenpapier trocken tupfen. An der vorderen Bauchseite drei- bis viermal mit einem scharfen Messer vertikal einschneiden. Damit ist gewähr- leistet, dass sie gleichmäßig garen, denn sie sind vorne dicker als hinten. Durch die Einschnitte garen sie an den dicken Stellen schneller. Die Fische mit etwas Öl beträufeln, salzen und pfeffern. Dann die Doraden in die Formen auf das Gemüse für die Nichtvegetarier legen.

Für die Vegetarier zum gegarten Ofengemüse die Gnocchi servieren, für die anderen das Ofengemüse mit der Dorade auf den Tisch stellen. Dazu gibts Baguette.

BLECHKARTOFFELN UND KOHLROULADEN

Sollten am Vorabend einer großen Feier schon alle beisammensitzen, ist diese deftig-elegante Mahlzeit genau das Richtige.

Zutaten für beide Gerichte: 1½ kg kleine festkochende Bio-Kartoffeln · Olivenöl · 2–3 TL Meersalz · Pfeffer · 1 Weißkohlkopf · Salz · 2 Bund Schnittlauch, in Röllchen · außerdem Küchengarn

Die Kartoffeln ungeschält knapp gar kochen. Den Ofen auf 200 °C (Umluft 180 °C) vorheizen. Ein Backblech mit Öl einfetten. Die Kartoffeln darauf verteilen. Mit einem Kartoffelstampfer leicht andrücken, sodass sie etwas aufbrechen. Mit Öl beträufeln, Meersalz aufstreuen und pfeffern. Ca. 30 Min. backen. Für die Rouladen den Strunk aus dem Kohl schneiden. Den ganzen Kohl in einen großen Topf mit kochendem Salzwasser geben; er sollte möglichst bedeckt sein. Nach ca. 8 Min. herausnehmen und abtropfen lassen. Behutsam die benötigten Blätter ablösen. Dicke Mittelrippe flach schneiden. Nun die Blätter jeweils füllen (siehe unten) und mit Küchengarn zubinden.

GEFÜLLT MIT PILZEN UND BLAUSCHIMMELKÄSE

250 g Pilze nach Wahl, gehackt · 250 g Zucchini, fein gewürfelt · 150–200 g Gorgonzola (oder Roquefort) · Salz · Pfeffer · Fett zum Braten · 1 Zwiebel, klein gewürfelt · 150–200 ml Gemüsebrühe · 1 EL Saucenbinder · 100 g saure Sahne

Pilze, Zucchini und Gorgonzola gut vermischen und mit Salz und Pfeffer würzen. Die Masse in zwei große oder vier kleine Kohlblätter rollen. Fett in einer Pfanne erhitzen und die Zwiebel zusammen mit den Rouladen anbraten. Etwas Brühe angießen (später evtl. mehr nachfüllen) und den Deckel auflegen. 20–30 Min. garen lassen. Saucenbinder und saure Sahne nacheinander einrühren.

GEFÜLLT MIT KALBSHACKFLEISCH

600–800 g Kalbshackfleisch · Fett zum Braten · 4 Lauchzwiebeln, in Ringen · 3 EL Tomatenmark · Salz · Pfeffer · 1 Bund Petersilie, gehackt · 1 Zwiebel, gewürfelt · 400–500 ml Fleischbrühe · 1 EL Saucenbinder · 200 ml Sahne

Hackfleisch in etwas Fett krümelig anbraten. Lauchzwiebeln zugeben und alles 1 Min. braten. Tomatenmark einrühren. Kräftig salzen und pfeffern. Etwas abkühlen lassen und die Petersilie untermischen. Die Masse in Kohlblätter rollen. Die Rouladen mit der Zwiebel in einer Pfanne in Fett anbraten. Etwas Brühe angießen (später evtl. nachfüllen), den Deckel auflegen. 20–30 Min. garen lassen. Saucenbinder und Sahne nacheinander einrühren.

Die Blechkartoffeln auf die Teller verteilen und mit Schnittlauch bestreuen, mit den fertigen Kohlrouladen servieren.

ROSMARINKARTOFFELN UND TOMATENSALAT

Familienfeste sind dann am schönsten, wenn alle an einer langen Tafel sitzen und nach Herzenslust zulangen.

Zutaten für beide Gerichte: 1¾ kg festkochende Kartoffeln, geschält, in Pommesstiften oder Schiffchen · Salz · 4 Rosmarinzweige · 80–100 ml Olivenöl · 800 g feste Tomaten · 2 EL milde Zwiebeln, gewürfelt · 1–2 EL Koriandergrün (oder Petersilie), gehackt · 2 EL Öl · Salz · außerdem Alufolie

Die Kartoffeln in kochendes Salzwasser geben und 6–7 Min. ankochen. Sie sollen noch sehr fest sein. Gut abtropfen lassen und in ein tiefes Backblech geben. Vom Rosmarin die Nadeln abstreifen und fein hacken. Zusammen mit 1 EL Salz sowie Öl mit den Kartoffeln gut vermischen. Den Backofen auf 200 °C (Umluft) vorheizen. Das Blech mit Alufolie abdecken und 15 Min. vor dem Fleisch auf der untersten Schiene einschieben. In der Zwischenzeit für den Salat die Tomaten je nach Größe vierteln oder achteln. Mit Zwiebeln, Koriander und Öl in einer Schüssel vermischen. Das Salz erst kurz vor dem Servieren zugeben.

🥕 MIT GEWÜRZTEM KÄSE

1 TL getrockneter Oregano · 1 kleine Knoblauchzehe, gepresst · Pfeffer · 2–3 EL Olivenöl · 300 g Feta (oder milder Kuhmilch-Weißkäse in Lake) · außerdem Grill-Alufolie (2 Quadrate, ca. 20 x 20 cm)

Oregano, Knoblauch und Pfeffer mit Öl verrühren. Die Folienstücke auf die Arbeitsfläche legen und die obere Seite jeweils mit etwas Würzöl bestreichen. Den Käse halbieren und auf die Folien verteilen. Das restliche Würzöl auflöffeln. Dann die Folie so über dem Inhalt verschließen, dass sie sich wieder leicht öffnen lässt. Die Alu-Päckchen am Ende der gesamten Backofenzeit für 13–15 Min. mit in den Ofen geben.

🐑 MIT LAMMRÜCKEN

1½–2 kg Lammrücken (Sattel) · Salz · Pfeffer · Fett zum Braten · 250–300 ml Lamm- oder Fleischfond · 2–3 EL Thymian- oder Salbeiblätter

Das Fleisch mit Salz und Pfeffer einreiben. In einer Pfanne in heißem Fett goldbraun anbraten und in einen flachen Bräter geben. Den Bratensatz in der Pfanne mit dem Fond loskochen und die Kräuter zugeben. Das Fleisch auf der mittleren Schiene 15 Min. nach Einsetzen der Rosmarinkartoffeln im Ofen garen. Dauer ca. 45 Min. Das Fleisch ab und zu mit dem Fond begießen. Vor dem Anrichten 5 Min. ruhen lassen.

Die Käsepäckchen für die Vegetarier bereits leicht geöffnet auf zwei Teller setzen. Das Fleisch mit einem Tranchierbesteck auf dem Tisch platzieren. Die Kartoffeln in einer vorgewärmten Form dazustellen. Den Tomatensalat in einer separaten Schüssel reichen.

AUBERGINENSCHNECKEN MIT MOZZARELLA

Ein deftiges Essen, das sich gut für viele Gäste zubereiten lässt – zum Beispiel zur Kommunion oder Konfirmation.

Zutaten für beide Gerichte: 4 große Auberginen, in dicken Längsscheiben (½ cm) · 5 EL Olivenöl plus etwas für die Form · 375 g Mozzarella · 100 g Feta, zerkrümelt · 75 g Parmesan, gerieben · 50 g Pinienkerne, gehackt · 75 g Rosinen, gehackt · 1 Knoblauchzehe, fein gewürfelt · abgeriebene Schale von 1 Bio-Zitrone · 3 EL Petersilie, gehackt · 3 EL Minze, gehackt · 800 g gehackte Tomaten (Dose) · Salz · Pfeffer

Die Auberginen von beiden Seiten mit 2 EL Öl bestreichen und in einer Pfanne von beiden Seiten braten, bis sie weich, aber noch nicht braun gebraten sind. Den Backofen auf 190 °C (Umluft 170 °C) vorheizen.
Für die Füllung 125 g Mozzarella fein würfeln und mit Feta, Parmesan, Pinienkernen, Rosinen, Knoblauch, Zitronenabrieb, Petersilie, Minze und dem restlichen Öl in einer Schüssel mischen. Je 1 TL auf eine Auberginenscheibe geben und zu einem festen Röllchen rollen. Eine große Auflaufform mit etwas Öl ausstreichen und die Röllchen nebeneinander hineinlegen. Die Tomaten darüber verteilen. Den restlichen Mozzarella in Scheiben schneiden und die Röllchen damit belegen. Alles mit Öl besprenkeln, salzen und pfeffern. Ca. 30 Min. backen.

INFO
Man kann die Auberginen direkt verarbeiten. Heute ist es nicht mehr notwendig, die Scheiben vorher einzusalzen, um ihnen Flüssigkeit und damit die Bitterstoffe zu entziehen. Moderne Züchtungen enthalten kaum noch Bitterstoffe.

🥕 MIT SOJABRATLINGEN

*75 g feine Sojaschnetzel · 200 ml Gemüse-
brühe · 3 Petersilienstängel, fein gehackt ·
1 EL Thymianblättchen, gehackt · 1 Knoblauchzehe, fein gehackt · 1 Frühlingszwiebel,
in feinen Ringen · 4 getrocknete Tomaten in
Öl, abgetropft und gewürfelt · 1 Ei · 2 EL Mehl
· Salz · 1 Msp. Cayennepfeffer · Olivenöl zum
Braten*

Die Schnetzel in die kochende Brühe geben
und ca. 5 Min. kochen. Dann vom Herd
ziehen und 15 Min. quellen lassen. Abgetropft und leicht ausgedrückt mit Kräutern,
Knoblauch, Frühlingszwiebel und Tomaten in eine Schüssel geben. Ei und Mehl
unterrühren. Mit Salz und Cayennepfeffer
würzen. Mit einem Esslöffel Teig abstechen und flache Küchlein formen. In einer
Pfanne in heißem Öl bei mittlerer Hitze auf
jeder Seite 4–5 Min. braten.

🐑 MIT LAMMKEULE

*2 Zwiebeln · 1 Bund Suppengrün · 3 Möhren ·
2 Lorbeerblätter · 3 Thymianstängel ·
10 Pimentkörner · 1¼ –2½ kg Lammkeule
mit Knochen (pro Person 300–400 g), ohne
Fett, von Sehnen und Haut befreit · 2 TL Salz ·
Pfeffer · außerdem Alufolie*

Zwiebeln, Suppengrün, Möhren grob
zerkleinern, alles mit Lorbeerblättern,
Thymian und Pimentkörnern in einen
Bräter geben. Lammkeule darauflegen, mit
Wasser bedecken und mit Salz und Pfeffer
würzen. Bräter schließen, das Wasser
aufkochen lassen, dann das Fleisch bei
schwacher Hitze rosa garen. Das dauert pro
Kilogramm Fleisch 30 Min. Dann die Keule
aus dem Kochsud nehmen, in Alufolie wickeln und ca. 30 Min. darin ruhen lassen.

Die Sojabratlinge und die aufgeschnittene Lammkeule zu den Auberginenschnecken
servieren.

SPARGEL IN BLÄTTERTEIGSCHÄLCHEN

Gut, wenn der Anlass zum Feiern in die Spargelsaison fällt! Dann bietet sich dieses wunderbare festliche Essen an, zum Beispiel zum Geburtstagsfest.

Zutaten für beide Gerichte: 300 g Blätterteig (TK), angetaut · 100 g Butter plus etwas für die Formen · 8 Minzestängel, fein gehackt, plus etwas zum Dekorieren · 1 TL abgeriebene Schale von 1 Bio-Limette · 200 g Schmand · Salz · 1 EL Zucker · 4–6 EL Butter · ca. 400 g weißer Spargel, geschält, in Stücken · 2 EL Olivenöl · Pfeffer

Den Ofen auf 200 °C (Umluft 180 °C) vorheizen. Sechs bis acht Kuchenförmchen (Ø ca. 15 cm) fetten, mit dem Blätterteig auslegen, mit der Gabel Löcher hineinstechen und 6–7 Min. backen. Für die Sauce die Butter in einem Topf etwas bräunen und ab-kühlen lassen. Mit Minze, Limettenabrieb und Schmand verrühren und salzen. Danach in einem Topf reichlich Wasser mit Salz, Zucker und Butter aufkochen und den Spargel hineingeben. Je nach gewünschter Festigkeit 10–20 Min. garen. Herausnehmen und kurz abtropfen lassen.

 ## MIT ZUCKERSCHOTEN UND KRÄUTERSEITLINGEN

100 g Zuckerschoten, in Stücken · Salz · 100 g Kräuterseitlinge, in Stücken · Fett zum Braten

Zuckerschoten in Salzwasser 2–4 Min. blanchieren, herausnehmen und abtropfen lassen. Die Pilze in einer Pfanne mit Fett kurz anbraten. Dann alles mit der Hälfte des gegarten Spargels mischen.

 ## MIT STEINBEISSER

Saft von 1 Limette · 600 g–1 ¼ kg Steinbeißer-filet (pro Person 150–200 g) ohne Haut, in kleinen Stücken · Salz · 1 EL Butter · 1 EL Öl

Den Limettensaft über das Filet träufeln und den Fisch salzen. Butter und Öl in ei-ner Pfanne erhitzen. Die Fischstücke darin rundherum 5–7 Min. goldbraun braten.

Nun die Schälchen für die Vegetarier mit der Gemüsemischung befüllen. In die anderen Schälchen den übrigen Spargel füllen. Über alle Schälchen die Sauce verteilen. Danach den Fisch auf die reine Spargelvariante geben. Alles mit Pfeffer bestreuen und mit Minze dekorieren.

WILDREIS, PFIFFERLINGE UND GRÜNER SALAT

Ob Pilze oder Fleisch zu den Beilagen: So schmeckt es nicht nur Tante, Onkel und Cousine, sondern auch allen anderen Festtagsgästen.

Zutaten für beide Gerichte: 300–500 g Wildreis (pro Person 50–60 g) · Salz · 4 EL Olivenöl · 1 EL Balsamico · 1 TL Senf · Pfeffer · 1 großer Kopfsalat, zerpflückt · 650 g Pfifferlinge · 1 Schalotte, fein gewürfelt · 3 Rosmarinzweige · Butterschmalz · 150 ml Gemüsebrühe · 150 ml Sahne

Den Wildreis nach Packungsanweisung in Salzwasser kochen. Aus Öl, Essig, Senf, Salz und Pfeffer eine Vinaigrette rühren. Kurz vor dem Servieren mit dem Salat vermischen. Für die Sauce die Pilze mit Schalotte und Rosmarinzweigen rundum einige Minuten im Schmalz anbraten. Brühe und Sahne dazugeben. Mit Salz und Pfeffer würzen. Köcheln lassen, bis die Sauce leicht sämig ist.

MIT GEMISCHTEN PILZEN

250 g gemischte Pilze (Steinpilze, Champignons, Seitlinge), etwas zerkleinert · Butterschmalz zum Braten

Die Pilze in dem Butterschmalz unter gelegentlichem Rühren einige Minuten braten. Einen Teil der obigen Pfifferlingssauce abnehmen und unter die gemischten gebratenen Pilze rühren.

MIT FILETSPITZEN

800 g–1¼ kg Schweinefiletspitzen (pro Person 200 g), von Sehnen und Haut befreit · Salz · Pfeffer · 4 Rosmarinzweige · Butterschmalz zum Braten · 2–3 EL Schnittlauch, in Röllchen

Das Filet mit Salz und Pfeffer würzen. Mit den Rosmarinzweigen in dem Butterschmalz rundherum kräftig braten, bis das Fleisch saftig durchgegart ist. Mit Schnittlauch bestreuen.

Für die Vegetarier die gemischte Pilzsauce zu Reis und Salat servieren. Für die anderen die gebratenen Filetspitzen getrennt zu der übrigen Pfifferlingsauce servieren. Reis und angerichteten Salat dazu auf den Tisch stellen.

PASTA MIT SPINAT UND CHAMPIGNONS

Auch kleine Feste wollen gefeiert werden. Dieses Gericht passt zum Beispiel zu einem unrunden Geburtstag, wenn nicht ganz so groß aufgefahren werden soll.

Zutaten für beide Gerichte: 800 g Bandnudeln · Salz · 600 ml Gemüsebrühe · 900 g Spinat, gewaschen · 900 g Champignons, in Scheiben · 1 Zwiebel, fein gewürfelt · 2 Knoblauchzehen, fein gewürfelt · Öl zum Braten · Pfeffer · frisch geriebene Muskatnuss · 1 gehäufter EL Mehl

Nudeln in kochendem Salzwasser nach Packungsanweisung bissfest garen. Brühe in einem Topf aufkochen, Spinat zufügen und zugedeckt ca. 3 Min. kochen, bis er zusammengefallen ist. Dann aus der Brühe heben und die Brühe aufbewahren. Für die Sauce Champignons, Zwiebel und Knoblauch in einer Pfanne in heißem Öl unter gelegentlichem Rühren 7–8 Min. braten. Mit Salz, Pfeffer und Muskat würzen. Mit Mehl bestäuben und anschwitzen.

MIT VIER KÄSESORTEN

175 ml Milch · 1 TL Thymian, gehackt · 25 g Mozzarella, gewürfelt · 50 g Gorgonzola, gewürfelt · 25 g geräucherter ital. Hartkäse, gerieben · 25 g Parmesan, gerieben · Salz · Pfeffer

Etwas Spinatkochwasser mit der Milch und dem Thymian aufkochen. Den Käse darin schmelzen und einige Minuten leise köcheln lassen. Dann einen Teil des Spinats und der Pilzsauce zufügen. Mit Salz und Pfeffer abschmecken.

MIT LACHS

100–150 ml Sahne (je nach Lachsmenge) · 600–900 g Lachsfilet (pro Person 150 g), ohne Haut, gewürfelt · 2 EL Zitronensaft · Salz · Pfeffer

Den restlichen Spinat mit etwas Spinatkochwasser und Sahne zu der restlichen Champignonsauce hinzufügen und unter Rühren aufkochen. Den Lachs mit Zitronensaft beträufeln, salzen, pfeffern und in die Sauce geben. Sauce ca. 5 Min. köcheln lassen. Mit Salz und Pfeffer abschmecken.

Die Nudeln auf die Teller geben und mit den jeweiligen Saucen anrichten.

RATATOUILLE-POLENTA

Wer mag keine Ratatouille? Zur sommerlichen Feier – ob im kleinen Rahmen oder zum großen Anlass – passt dieses leichte Gericht.

Zutaten für beide Gerichte: 1 Bund Thymian, Blättchen abgezupft · 1¼ l Gemüsebrühe · 3 EL Butter · 600 ml Milch · 400 g Polenta · Salz · 4 EL Parmesan, gerieben · schwarzer Pfeffer aus der Mühle · 300 g rote Zwiebeln, fein gewürfelt · 600 g Zucchini, fein gewürfelt · je 2 gelbe und rote Paprika, fein gewürfelt · 150 g getrocknete Tomaten, fein gewürfelt · 2 Knoblauchzehen, fein gewürfelt · 5 Rosmarinzweige, Nadeln abgezupft · Olivenöl zum Braten · 2 EL Tomatenmark · 3 TL Zucker

Zwei Drittel der Thymianblättchen mit 800 ml Brühe, Butter und Milch zusammen aufkochen. Die Polenta mit einem Schneebesen einrühren und kurz aufkochen lassen. Bei schwacher Hitze 3 Min. weiterköcheln, dann die Herdplatte ausschalten. 10 Min. abgedeckt quellen lassen, dann salzen und den Parmesan unterrühren. Für die Ratatouille die fein gewürfelten Zutaten mit dem restlichen Thymian und den Rosmarinnadeln in heißem Öl bei mittlerer Hitze 4–5 Min. anbraten. Restliche Brühe, Tomatenmark und Zucker unterrühren. Mit Salz und Pfeffer würzen.

MIT GESCHMORTEM SALAT

1 Römersalatherz, halbiert, ohne Strunk · Öl zum Braten · 50 ml Gemüsebrühe · 50 ml Sahne · ½ TL mittelscharfer Senf · Salz

Die Salathälften in einer großen Pfanne in heißem Öl auf den Schnittseiten kurz anbraten. Brühe und Sahne zugeben und kurz aufkochen lassen. Zugedeckt 3–4 Min. schmoren.
Senf in den Salatfond einrühren, mit Salz abschmecken und über den Salat träufeln.
Gut zu wissen: Besonders die leicht bitteren Salatsorten eignen sich gut zum Schmoren. Probieren Sie diese Zubereitung auch einmal mit Chicorée oder mit Chinakohl aus.

MIT RINDERFILET

600–900 g Rinderfilet (pro Person 150 g) · 4 EL Olivenöl · 2 TL edelsüßes Paprikapulver · 1 Bund Petersilie, fein gehackt · 1 TL Dijon-Senf · Saft von 1 Zitrone · Salz · Pfeffer

Den Ofen auf 150 °C (Umluft 130 °C) vorheizen. Das Filet von allen Seiten mit 3 EL Öl einpinseln und in der heißen Grillpfanne von beiden Seiten grillen. Nach 1 Min. wenden und weitergrillen, bis es wie gewünscht gegart ist. Dann mit Paprika bestreuen, in Alufolie wickeln und 10 Min. im Ofen nachgaren lassen. Petersilie mit Senf, 1 EL Öl, Zitronensaft, Salz und Pfeffer vermischen. Das Filet aus dem Ofen holen und darin wenden, dann in dicke Streifen schneiden.

Die Ratatouille-Polenta zum gebackenen Salat und zum Filet reichen.

SAUERKRAUT UND KARTOFFELPÜREE

TIPP

Man kann die Trauben durch Rosinen und den Tofu durch Blauschimmelkäse ersetzen.

Ein deftiges, lustvolles Vergnügen für alle nach einem gemeinsamen Spaziergang durch die Herbstlandschaft. Gut vorzubereiten.

Zutaten für beide Gerichte: 2 Zwiebeln, gewürfelt · 2 EL Öl · 1 ½ kg Sauerkraut, kurz abgespült · 2 TL Gemüsebrühepulver · 5–7 Wacholderbeeren, angedrückt · 4 Pimentkörner · 1 TL Kümmelkörner · 2 große Lorbeerblätter · 300 ml Weißwein (oder 300 ml weißer Traubensaft und 2 EL Weißweinessig) · 1 ½ kg mehligkochende Kartoffeln, geschält · Salz · 2 EL weiche Butter · 400–450 ml warme Milch · frisch geriebene Muskatnuss

Die Zwiebeln in Öl in einem Topf glasig anschwitzen. Das Sauerkraut leicht zerpflücken und mit in den Topf geben. Brühe und Gewürze zufügen und den Weißwein angießen. Alles gut vermischen und bei aufgelegtem Deckel ca. 1 Std. garen. Es sollte immer etwas Flüssigkeit im Topf sein, eventuell einen Schuss Wasser dazugeben. Für das Püree die Kartoffeln in leicht gesalzenem Wasser garen. Abgießen und kurz ausdämpfen lassen. Butter und Milch zufügen und mit einem Kartoffelstampfer zu Püree verarbeiten. Mit Salz und Muskat würzen.

MIT RÄUCHERTOFU UND TRAUBEN

150 g Räuchertofu, gewürfelt · Fett zum Braten · 1 EL Sojasauce · 100 g kernlose Trauben · Fett für die Form · ca. 100 g mittelalter Gouda, gerieben

Tofu in heißem Fett kurz anbraten, dabei die Sojasauce darübergeben. Sauerkraut für gut zwei Portionen abnehmen. Den Tofu und die Trauben unter das Kraut heben und alles gleichmäßig in eine gefettete Gratinform geben. Kartoffelpüree daraufstreichen und mit Gouda bestreuen. Den Ofen auf 190 °C Umluft vorheizen und die Form darin für ca. 25 Min. überbacken.

MIT SCHWEINSHACHSE

3 ¼–4 ¾ kg gepökelte Schweinshachse mit Schwarte (pro Person 1 Hachse, à 800 g) · 4 Möhren, in Stücken · 4 Zwiebeln, geschält · 4 Lorbeerblätter · 4 Nelken

Je nach Anzahl der Esser die Hachsen in einen Topf geben oder auf mehrere Töpfe verteilen. Mit Wasser bedecken, die Möhren zugeben und zum Kochen bringen. Die Zwiebeln an einer Stelle leicht einritzen und jeweils 1 Lorbeerblatt in die Öffnung stecken und 1 Nelke in die Zwiebel drücken. Dann zu den Haxen geben. 1 ½–2 Std. bei halb aufgelegtem Deckel sanft köcheln lassen, bis das Fleisch unter der Schwarte ganz weich ist (mit Gabel prüfen).

Die Gratinform für die Vegetarier direkt auf den Tisch stellen. Die Hachse mit oder ohne Schwarte zusammen mit dem übrigen Sauerkraut und dem restlichen Kartoffelpüree servieren.

DEFTIGES MIT GORGONZOLASAUCE UND GEWÜRZREIS

Ein wunderbar wärmendes und deftiges Weihnachtsessen, wenn es mal keine Gans sein soll.

Zutaten für beide Gerichte: 200–480 g Basmatireis (pro Person 50–80 g) · 2 Zwiebeln, gewürfelt · Butterschmalz zum Braten · 4 Kardamomkapseln · 6 Nelken · 12 schwarze Pfefferkörner · 1 TL Kreuzkümmel · Salz · 2 Zwiebeln, fein gewürfelt · Öl zum Braten · 450 ml Sahne · 230 g Gorgonzola, in Stücken · Salz · Pfeffer · 1 Bund Schnittlauch, in feinen Röllchen

Den Reis waschen und in einem Sieb abtropfen lassen. Zwiebeln im Topf mit heißem Schmalz bei mittlerer Hitze goldbraun braten. Die Kardamomkapseln andrücken. Mit Nelken, Pfefferkörnern und Kümmel im Schmalz kurz mitbraten. Reis mit der doppelten Menge Wasser und etwas Salz zugeben. Zugedeckt aufkochen und bei mittlerer Hitze 10 Min. kochen lassen. Hitze abschalten, ein gefaltetes Geschirrtuch zwischen Topf und Deckel klemmen und den Reis 10 Min. quellen lassen. Für die Sauce die Zwiebeln in einem Topf mit heißem Öl glasig dünsten. Mit wenig Wasser ablöschen. Erst die Sahne, dann den Gorgonzola zugeben und unter Rühren schmelzen lassen. Salzen, pfeffern und Schnittlauch unterrühren.

TIPP
Wer keinen Gorgonzola bekommt, kann auch Roquefort oder einen anderen kräftigen Blauschimmelkäse verwenden. Statt Blauschimmelkäse passt aber auch Gruyère.

🥕 MIT LINSEN-KASTANIEN-BRATEN

150 g braune Linsen · 150 g Maronen, vorgegart (Vakuumpack) · 1 Knoblauchzehe, in dünnen Scheiben · 1 Zwiebel, fein gewürfelt · 8 Salbeiblättchen, grob gehackt · Olivenöl · 1 Ei · Pfeffer · 75 ml Sahne · 1–3 EL Rosinen · 2 EL Rotwein · Salz · 6 schwarze Oliven, gehackt · 50 g Paniermehl · Fett für die Form

Die Linsen in ca. der doppelten bis dreifachen Menge Wasser 30 Min. weich kochen. Ca. zwei Drittel der Maronen fein pürieren. Knoblauch, Zwiebel, Salbei und Püree zusammen in heißem Öl kurz anbraten. Linsen abgießen mit den übrigen Maronen und allen anderen Zutaten mischen. Den Backofen auf 180 °C vorheizen (Umluft 160 °C). In eine gefettete Kastenform füllen und 50–60 Min. backen. Dann aus der Form stürzen und in Scheiben schneiden.

🐄 MIT ROSTBRATENSTEAKS

700 g–1 kg Rinderrückensteak (pro Person ca. 180 g) · Salz · Butterschmalz zum Braten · Pfeffer · Paprikapulver

Fleisch trocken tupfen, flach drücken, Fettrand einschneiden und mit Salz von allen Seiten würzen. Dann in heißem Butterschmalz auf beiden Seiten insgesamt ca. 5 Min. scharf anbraten und herausnehmen. Mit Pfeffer und Paprikapulver abschmecken.

Reis und Gorgonzolasauce zu den beiden Braten servieren.

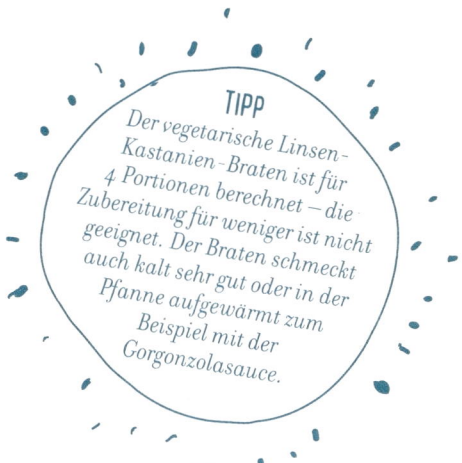

TIPP
Der vegetarische Linsen-Kastanien-Braten ist für 4 Portionen berechnet – die Zubereitung für weniger ist nicht geeignet. Der Braten schmeckt auch kalt sehr gut oder in der Pfanne aufgewärmt zum Beispiel mit der Gorgonzolasauce.

FRISCHES MARKTGEMÜSE UND PETERSILIENKARTOFFELN

An angenehm warmen Frühsommertagen deckt man für die große Familienfeier am besten gleich auf der Terrasse oder im Garten ein.

Zutaten für beide Gerichte: 1½ kg festkochende Kartoffeln, geschält · Salz · 1½ EL weiche Butter · 2–3 EL Petersilie, gehackt · 1¾ kg gemischtes Gemüse der Saison, klein geschnitten (z. B. Paprika, Brokkoli, Zuckerschoten, Schalotten, Pilze, Spargel) · 1 Schuss trockener Weißwein · 1–2 EL Butter · Salz · Pfeffer · 4 EL Schnittlauch, in Röllchen (oder andere Kräuter)

Die Kartoffeln in Salzwasser garen. Anschließend abdämpfen und mit der weichen Butter verschwenken. Mit Petersilie bestreuen. In der Zwischenzeit das Gemüse in eine weite Pfanne oder breiten Topf geben und so viel Wasser und Wein zugeben, dass der Boden gerade gut bedeckt ist. Bei leicht erhöhter Hitze und aufgelegtem Deckel das Gemüse garen. Butter einrühren, mit Salz und Pfeffer würzen und mit Schnittlauch bestreuen.

MIT PANIERTEN KOHLRABISCHNITZELN

2 kleine Kohlrabi, geschält, in dicken Scheiben (1½ cm) · Salz · Pfeffer · 4 EL Paniermehl · 4 EL Parmesan, gerieben · 3 EL Mehl · 1 Ei, verquirlt · Fett zum Braten

Die Kohlrabischeiben für 12–15 Min. in kochendem Salzwasser bissfest garen. Abtropfen lassen und leicht salzen und pfeffern. Paniermehl und Parmesan vermischen. Die Scheiben erst in Mehl, dann in Ei und zum Schluss im Paniermehl-Mix wälzen. In heißem Fett behutsam goldgelb braten.

MIT LACHSFORELLE

*1½–2½ kg Lachsforelle (pro Person ca. 400 g), küchenfertig
pro Fisch: 1 großzügiger EL zimmerwarme Kräuterbutter · Saft von ½ Zitrone · Salz · 1–2 Dillstängel · 1 TL Pastis · außerdem Alufolie*

Den Ofen auf 200 °C (Umluft 180 °C) vorheizen. Alufolie so zuschneiden, dass die Fische darin eingepackt werden können. Oben liegende Folienfläche mit etwas Kräuterbutter einfetten. Den Fisch innen und außen mit Zitronensaft säuern, salzen und mit Dill füllen. Seine Oberseite dreimal mit einem scharfen Messer schräg einritzen und die restliche Kräuterbutter darauf verstreichen. Mit Pastis beträufeln. Alufolie über dem Fisch zusammenfalten und auf ein Backblech setzen und 30–40 Min. garen.

Kartoffeln, Mischgemüse, Kohlrabi und Fisch zum Zugreifen auf den Tisch stellen.

GEMÜSEPAELLA

Lieber Besuch freut sich nach einer langen Anreise zum Fest sicher über diese reichhaltige Paella.

Zutaten für beide Gerichte: 1½ l Gemüsebrühe · 1 Döschen Safran (0,1 g) · 1 TL gemahlene Kurkuma · 1 TL edelsüßes Paprikapulver · 1 Msp.–1 TL Harissa (je nach gewünschter Schärfe) · 125 ml Olivenöl · 2 junge Knoblauchknollen, geschält, waagerecht halbiert · 4 Fenchelknollen (à ca. 200 g), gewürfelt · 5 rote Zwiebeln, in Spalten · je 2 rote und gelbe Paprika, gewürfelt · 550 g Rundkornreis · 5 Lorbeerblätter · 200 g Kirschtomaten · 200 g schwarze Oliven mit Stein · 800 g dicke weiße Bohnen (Dose) · ½ Bund glatte Petersilie, fein gehackt

Brühe mit Safran, Kurkuma, Paprika und Harissa verrühren. 2 EL Öl in einer großen oder zwei mittelgroßen Pfanne erhitzen. Die halbierten Knoblauchknollen darin auf der Schnittfläche ca. 2 Min. rösten und aus der Pfanne nehmen. Den Backofen auf 200 °C (Umluft 180 °C) vorheizen. Nacheinander Fenchel, Zwiebeln und Paprika in dem restlichen Öl einzeln kräftig anbraten und wieder aus der Pfanne nehmen. Dann den Reis in die Pfanne geben und unter Rühren kurz andünsten. Das angebratene Gemüse samt Knoblauch und Lorbeerblättern zugeben und so viel Brühe zugießen, dass alles bedeckt ist. Ca. 45 Min. garen. Nach und nach die restliche Brühe zugießen, dabei nicht mehr umrühren. Nach ca. 20 Min. Tomaten, Oliven und Bohnen in die Pfanne geben und weich garen. Nach 10 Min. Kochzeit den Teil für die Vegetarier herausnehmen und warm halten. Aus der übrigen Paella das Gericht für die Nichtvegetarier zubereiten.

✦ MIT KNOBLAUCHSPINAT

1 Knoblauchzehe, in dünnen Scheiben · 1 Zwiebel, in dünnen Scheiben · 1 EL Olivenöl · 500 g Blattspinat (TK) · Salz · Pfeffer · frisch geriebene Muskatnuss

Knoblauch und Zwiebel in heißem Öl nicht zu kräftig anbraten. Dann den Spinat zugeben und unter Rühren bei schwacher Hitze erst auftauen, dann aufkochen lassen. Mit Salz, Pfeffer und Muskat würzen. Den Spinat getrennt zur vegetarischen Paella servieren.

✦/✦/✦ MIT HUHN, SCHINKEN UND MEERESFRÜCHTEN

250 g Hähnchenbrustfilet, gewürfelt · 1 EL Öl · Salz · Pfeffer · 400 g Meeresfrüchte (TK), aufgetaut · 2 Scheiben Serranoschinken, gewürfelt

Das Fleisch in einer Pfanne in dem heißen Öl ca. 5 Min. unter gelegentlichem Rühren anbraten. Salzen und pfeffern. Die Meeresfrüchte 10 Min. vor Ende der Garzeit zur restlichen Paella geben und 10 Min. offen kochen lassen. Das Fleisch und den Schinken unterheben und 5 Min. ziehen lassen.

Beide Gerichte auf die jeweiligen Teller geben und nach dem Anrichten mit gehackter Petersilie bestreuen.

GEFÜLLTE WIRSINGBLÄTTER MIT KARTOFFELPLÄTZCHEN UND BALSAMICOSCHALOTTEN

Mit diesem Festschmaus wärmt sich die ganze Familie mit allen Gästen nach einem langen vormittäglichen Winterspaziergang auf.

Zutaten für beide Gerichte: 1½ kg mehligkochende Kartoffeln, geschält · Salz · 1 Bund Petersilie, gehackt · 4 Eigelb · frisch geriebene Muskatnuss · Mehl für die Arbeitsfläche · Öl zum Braten · 1 Wirsingkopf (pro Person 175 g) · 500 g Schalotten, halbiert oder geviertelt · Olivenöl zum Braten · 2—3 EL Rohrzucker · Pfeffer · 500 ml Balsamico

Für die Plätzchen die Kartoffeln in Salzwasser ca. 20 Min. garen. Dann etwas abkühlen lassen und durch die Kartoffelpresse drücken. Petersilie und Eigelbe dazugeben und unterrühren. Mit Salz und Muskat würzen. Den Teig auf einer bemehlten Arbeitsfläche zu einer Rolle formen. In 12—18 gleichmäßig dicke Stücke teilen und zu runden Talern formen. Öl in einer Pfanne erhitzen und die Taler portionsweise braten.

Für den Wirsing 18—20 große Blätter (je nach Anzahl der Esser) abtrennen und die Mittelrippen glatt schneiden. Die Blätter ca. 5 Min. in Salzwasser blanchieren. Dann in eiskaltem Wasser abschrecken und abtropfen lassen. Das Kochwasser aufheben. Die Schalotten in einem Topf in Olivenöl leicht goldgelb anbraten. Den Zucker zugeben und leicht karamellisieren lassen, dann salzen und pfeffern. Mit dem Balsamico ablöschen und ca. 10 Min. köcheln lassen.

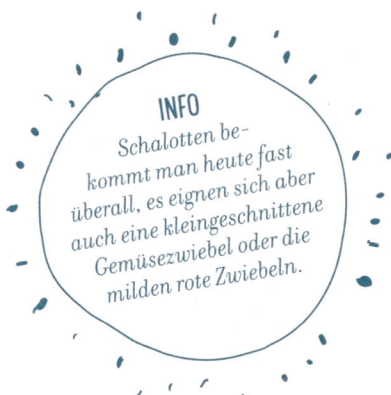

INFO
Schalotten bekommt man heute fast überall, es eignen sich aber auch eine kleingeschnittene Gemüsezwiebel oder die milden rote Zwiebeln.

MIT MANDEL-SAHNE-FÜLLUNG

*300 g Wirsingstücke, gewürfelt (ca. 1 cm) ·
100 g Crème fraîche · 50 g gemahlene Mandeln · Salz · Pfeffer · frisch geriebene Muskatnuss · abgeriebene Schale von ½ Bio-Zitrone ·
Öl für das Blech*

Den Ofen auf 180 °C (Umluft 160 °C)
vorheizen. Die Wirsingstücke im übrigen
Blanchierwasser blanchieren, abschrecken
und etwas ausdrücken. Mit Crème fraîche,
gemahlenen Mandeln, Salz, Pfeffer, Muskat
und Zitronenabrieb vermischen. Jeweils
ein Wirsingblatt in eine Suppenkelle legen
und etwas von der Wirsingmasse hineingeben. Das Blatt über der Füllung schließen
und fest andrücken. Sechs Blätter auf diese
Weise füllen. Auf ein geöltes Backblech
legen und im Ofen ca. 15 Min. backen.

MIT WILDSCHWEINFÜLLUNG

*600–900 g Wildschweinfilet (pro Person ca.
150 g) · Salz · Pfeffer · Öl zum Braten · 100 g
Räucherspeck, fein gewürfelt · 150–200 g
Petersilienwurzel, fein gewürfelt · 200 ml
Sahne (oder mehr je nach Fleischmenge) ·
einige Wacholderbeeren, mit dem Messer-
rücken angedrückt · etwas Speisestärke*

Die Filets salzen, pfeffern und in Öl in
einer Pfanne scharf anbraten. Herausnehmen, den Speck in die Pfanne geben
und auslassen. Dann die Petersilienwurzel
zugeben und so lange braten, bis die Flüssigkeit verdunstet ist. Den Ofen auf 200 °C
(Umluft 180 °C) vorheizen. Je ein Filet auf
eines der restlichen blanchierten Blätter
legen und darauf jeweils 1½ –2 EL Peter-
silienwurzelmischung geben. Die Wirsing-
blätter seitlich einschlagen und die Filets
einrollen. Die Päckchen in einen kleinen
Bräter legen. Die restlichen Petersilien-
wurzeln darüber verteilen. Die Sahne mit
Salz, Pfeffer und Wacholderbeeren würzen,
über die Päckchen geben und ca. 20 Min.
backen. Dann aus dem Bräter nehmen und
warm halten. Die Sauce mit etwas Speisestärke andicken und darübergeben.

Kartoffelplätzchen mit Balsamicoschalotten auf die Teller verteilen und mit den gefüllten
Wirsingblättern servieren.

ZÜNFTIGE GRILLSPIESSE MIT POMMES FRITES

Draußen sitzen und grillen macht erst in großer Runde so richtig Laune.

Zutaten für beide Gerichte: 250 g Vollmilchjoghurt · 125 g Mayonnaise · Salz · 1 Spritzer Zitronensaft · ca. 1½ kg Pommes frites (TK) · gemischte Kräuter, frische gehackt, sonst getrocknete (z. B. Oregano, Majoran, Thymian, Basilikum, Petersilie, Schnittlauch) · 2 EL Balsamico · 5 EL Öl · ½ TL Paprikapulver · Salz · Pfeffer · Würzketchup oder BBQ-Sauce (Flasche)

Für die Pommessauce Joghurt und Mayonnaise verrühren und mit Salz und Zitrone würzig abschmecken. Die Pommes frites nach Packungsanweisung im Ofen zubereiten. Für die Marinade die Kräuter mit Balsamico, Öl, Paprika, Salz und Pfeffer verrühren.

🐟 MIT BUNTEM GEMÜSE

8 Champignons, die dicken halbiert · 8 Zucchinischeiben (ca. 1 cm) · 1 Zwiebel, geachtelt · 8 Kirschtomaten, halbiert und das weiche Innere entfernt · 8 rote oder gelbe Paprikastücke (3 x 3 cm) · 8 Maiskolben (Dose)

Die Zutaten abwechselnd auf zwei lange oder vier kürzere Spieße stecken. Mit der Marinade bepinseln und mindestens 30 Min. ruhen lassen. Einmal wenden. Die abgetropften Spieße auf dem Grill rösten, bis das Gemüse bissfest ist.

 MIT FLEISCH

ca. 1 kg Grillfleisch, wahlweise vom Schwein, Rind oder Lamm, in großen Würfeln (ca. 2 x 2 cm) · 200 g geräucherter Bauchspeck, in dicken Scheiben (½ cm)

Fleisch und Speck abwechselnd auf Spieße stecken. Mit der Marinade bepinseln und mindestens 30 Min. ruhen lassen. Einmal wenden. Die abgetropften Spieße auf dem Grill rösten, bis das Fleisch gar ist.

Wenn die Spieße fertig gegrillt sind, auf die jeweiligen Teller verteilen und servieren. Die Pommes mit der Sauce und dem Würzketchup oder der BBQ-Sauce zur Selbstbedienung auf den Tisch stellen.

ROSENKOHL UND KARTOFFEL-PASTINAKEN-PÜREE

Beim gemeinsamen Essen mit Eltern, Geschwistern und Kindern am Adventssonntag kommt bald eine feierliche Stimmung auf.

Zutaten für beide Gerichte: 1¾ kg mehligkochende Kartoffeln, geschält · 300 g Pastinaken, fein gewürfelt · Salz · ca. 500 ml warme Milch · 1–2 EL Butter · frisch geriebene Muskatnuss · 1½ kg Rosenkohl, geputzt

Zunächst die Hasenkeulen zubereiten (siehe unten). Anschließend die Kartoffeln mit Pastinaken in Salzwasser weich kochen. Unter Zugabe von Milch und Butter zu Püree stampfen. Mit Salz und Muskat würzen. Den Rosenkohl in Salzwasser weich garen. Von dem gekochten Rosenkohl 250 g für die vegetarische Zubereitung abnehmen und beiseitestellen.

MIT ROSENKOHLFRIKADELLEN

200 g Mozzarella, fein gehackt · 2 Eier, verquirlt · frisch geriebene Muskatnuss · 1 Msp. Cayennepfeffer · Salz · Pfeffer · 1 EL Petersilie, gehackt · ½ TL getrockneter Majoran · 60 g mittelalter Gouda, gerieben · 1 Spritzer Zitronensaft · 1–2 EL Paniermehl · Butter zum Braten · 3 EL Pinien- oder Kürbiskerne

Den beiseitegestellten Rosenkohl mit einer Gabel oder einem Kartoffelstampfer zerdrücken und mit dem Mozzarella vermischen. Eier, Gewürze, Kräuter, Käse, Zitronensaft und Paniermehl untermischen. Noch einmal würzig abschmecken und Bratlinge formen. In reichlich heißer Butter in einer Pfanne goldgelb braten. Die Kerne 5 Min. vor Ende der Bratzeit in der Pfanne mitrösten.

MIT GESCHMORTEM HASEN

1–2 EL Butter (je nach Fleischmenge) · Öl zum Braten · 4–6 Hasenkeulen · Salz · 250–350 ml Sahne (je nach Fleischmenge) · 200–300 g saure Sahne (je nach Fleischmenge)

Die Butter in einem großen Schmortopf oder einer großen Pfanne stark erhitzen und dann das Öl zufügen (mehr Butter verwenden als Öl). Das Fleisch salzen und von allen Seiten scharf anbraten. 100 ml Wasser angießen und den Deckel auflegen. 1–1½ Std. sanft garen. Gegebenenfalls wenig Wasser nachgießen. Süße Sahne einrühren und bei aufgelegtem Deckel zu Ende garen. Das Fleisch von den Knochen lösen. Die saure Sahne in den Fond einrühren. Sauce abschmecken. Das Fleisch in der Sauce noch einmal unter dem Grill goldbraun überbacken.

Die Bratlinge auf zwei Teller mit Kartoffelpüree, aber ohne Rosenkohl geben. Die Pinien- oder Kürbiskerne mit etwas Bratfett auf das Püree löffeln. Den restlichen, warm gehaltenen Rosenkohl auf die Teller für die Fleischesser geben und die Keulen mit Sauce darauf verteilen. Das Kartoffelpüree dazu reichen.

HERZHAFTER STRUDEL

Wenn zu Ostern die Sonne noch nicht so richtig wärmen will, ist dieses Festessen genau das richtige. Beide Strudel sind gut vorzubereiten und können schnell warm gemacht werden.

Zutaten für beide Gerichte: 500 g Mehl plus etwas zum Bestäuben · 4 EL Öl · 1 Ei · 1 Schuss Essig · Salz · 1 kg Spitzkohl · ca. 160 g Butter, zerlassen · 2 Zwiebeln, fein gewürfelt · 200 g Champignons, gehackt · 2 EL Butter · 2 EL Mehl · 400 ml Gemüsebrühe · 180 ml Sahne · Salz · Pfeffer · 1 Bund glatte Petersilie, gehackt

Für den Strudelteig Mehl, 2 EL Öl, Ei, 200 ml kaltes Wasser, Essig und Salz zu einem glatten Teig verkneten. Zu einer Kugel formen, in Frischhaltefolie wickeln und ca. 30 Min. ruhen lassen.

In der Zwischenzeit die beiden Füllungen unter Verwendung des Spitzkohls vorbereiten. Den Backofen auf 180 °C (Umluft 160 °C) vorheizen. Den Strudelteig in zwei Teile teilen. Jedes Teigstück mit bemehlten Händen durchkneten, dann auf einem bemehlten Küchentuch ausrollen und ausziehen. Dafür mit bemehlten Handrücken unter den Teig greifen und ihn von der Mitte aus nach außen sehr dünn ziehen, bis er fast durchsichtig ist. Dicke Teigränder abschneiden. Beide Teigstücke mit etwas zerlassener Butter einpinseln und auf je ein Stück wie rechts beschrieben eine der beiden Füllungen geben.

Die beiden Strudel mithilfe des Tuches auf ein mit Backpapier belegtes Blech legen und mit der restlichen zerlassenen Butter bestreichen. Ca. 30 Min. goldgelb backen.

Für die Sauce in der Zwischenzeit Zwiebeln und Pilze in der heißen Butter anbraten und mit Mehl bestäuben. Die Brühe zugeben und alles ca. 5 Min. einköcheln lassen. Dann die Sahne zugeben und aufkochen. Leicht pürieren und mit Salz und Pfeffer würzen. Petersilie unter die Sauce mischen.

TIPP
Wenn es schnell gehen soll, kann man auch auf fertigen Strudelteig aus dem Kühlregal zurückgreifen.

MIT SPITZKOHL-PILZ-FÜLLUNG

2 Schalotten, fein gewürfelt · 1 EL Butter ·
100 g Champignons, fein gehackt · 200 ml
Gemüsebrühe · 1 Lorbeerblatt · 1 TL Wacholder-
beeren, zerdrückt · Salz · Pfeffer · 125 ml Sahne

350 g Spitzkohl in feine Streifen schneiden. Die Schalotten in der heißen Butter
anbraten, dann die Pilze zugeben und
mitbraten. Mit der Brühe ablöschen und
den Spitzkohl, das Lorbeerblatt und die
Wacholderbeeren zugeben. Mit etwas Salz
und Pfeffer würzen. Mit geschlossenem
Deckel ca. 15 Min. kochen. Dann die Sahne
zugeben und den Deckel abnehmen. Bei
großer Hitze reduzieren lassen, bis die
Flüssigkeit restlos eingekocht ist. Abschmecken und das Lorbeerblatt herausnehmen. Das lauwarme Kraut auf dem
Strudelteig verteilen. Beide Teigenden seitlich einschlagen und mithilfe des Tuches
den Strudel einrollen.

MIT METT-FÜLLUNG

450 g Mett · ½ TL Salz · Pfeffer · 1 Zwiebel,
fein gewürfelt · 1 Knoblauchzehe, fein
gewürfelt · 1 EL Butter · 200 ml Sahne ·
2 Eier · ½ Bund Petersilie, gehackt

Das Fleisch salzen und pfeffern. Zwiebel
und Knoblauch in heißer Butter anschwitzen, das Mett hinzugeben und anbraten.
Vom Herd nehmen und abkühlen lassen.
Dann Sahne, Eier und Petersilie untermischen. Die restlichen Kohlblätter in
kochendem Wasser blanchieren und
abkühlen lassen. Den Strudelteig mit den
kalten Kohlblättern belegen. Die Fleisch-
masse auf den Kohlblättern verteilen.
Beide Teigenden seitlich einschlagen und
mithilfe des Tuches den Strudel einrollen.

Die fertig gebackenen Strudel aus dem Ofen nehmen, etwas ruhen lassen und anschließend in Scheiben schneiden. Mit der Sauce auf Tellern anrichten.

GEMÜSELASAGNE MIT SAFRANSAUCE

Eltern, Kinder, Großeltern und Verwandte freuen sich immer über eine leckere Lasagne. Diese hier schmeckt besonders fein und ist deshalb feiertagstauglich.

Zutaten für beide Gerichte: 100 g Butter · 90 g Mehl · 1¼ l Milch · Salz · Pfeffer · 2 Döschen Safran (à 0,1 g) · 100 g Parmesan, gerieben · 20–24 Lasagneblätter

Für die Safransauce die Butter in einem kleinen Topf schmelzen, das Mehl mit einem Schneebesen einrühren und die kochende Milch zugeben. Zum Kochen bringen, mit Salz und Pfeffer würzen und den Safran einrühren. Nun die beiden Gemüsemischungen (siehe unten) zubereiten. Dann einen Teil der Safransauce mit der vegetarischen Erbsen-Artischocken-Mischung, den Rest mit der Garnelen-Gemüse-Mischung vermengen. Den Ofen auf 220 °C (Umluft 200 °C) vorheizen. Zwei feuerfeste Formen einfetten, die Böden jeweils mit einer Schicht der vegetarischen Erbsen-Artischocken-Mischung bzw. der Garnelen-Gemüse-Mischung bedecken. Mit Parmesan bestreuen und darauf eine Schicht Lasagneblätter verteilen. Vorgang wiederholen, bis alle Zutaten aufgebraucht sind. Mit einer großzügigen Schicht Sauce und Parmesan abschließen. Ca. 20 Min. garen. Vor dem Servieren 10 Min. ruhen lassen.

MIT ERBSEN UND ARTISCHOCKEN

1 Zwiebel, fein gewürfelt · 70 g Sellerie, gewürfelt · 1 Möhre, gewürfelt · 2 EL Olivenöl · 2 Artischockenherzen, in Streifen · 150 g Zucchini, in Streifen · 150 g Erbsen (TK) · 100 g Brokkoliröschen · ½ rote Paprika, gewürfelt

Zwiebel, Sellerie und Möhre in heißem Öl andünsten. Artischocken, Zucchini, Erbsen, Brokkoli und Paprika zufügen, leicht salzen und bei schwacher Hitze ca. 10 Min. köcheln lassen.

MIT GARNELEN

1 Zwiebel, fein gewürfelt · 2 EL Olivenöl · 400 g Garnelen, küchenfertig, geschält und entdarmt · Salz · Pfeffer · 300 g Zucchini, in Streifen · 250 g Brokkoliröschen · 1 rote Paprika, gewürfelt

Zwiebel in heißem Öl andünsten. Dann die Garnelen darin wenige Minuten von beiden Seiten braten, salzen und pfeffern. Zucchini, Brokkoli und Paprika zufügen, leicht salzen und bei schwacher Hitze ca. 10 Min. köcheln lassen.

SEMMELKNÖDEL
UND ROSENKOHLGRATIN

Ein winterliches Essen, das sich für Weihnachten oder Neujahr anbietet.

Zutaten für beide Gerichte: 12–16 Semmelknödel (Kochbeutel) · 1 ½ kg Rosenkohl · Salz · Fett für die Form · 300 ml Sahne · Pfeffer · frisch geriebene Muskatnuss · 80 g Parmesan, gerieben

Für die Vegetarier 4–5 Knödel am Vortag kochen, die restlichen frisch zubereiten. Den Rosenkohl 5–6 Min. in Salzwasser kochen und abtropfen lassen. In eine gefettete Gratinform geben. Die Sahne mit Salz, Pfeffer und Muskat würzen und über den Kohl gießen. Parmesan aufstreuen und mit Alufolie abdecken. 40 Min. vor Ende der Garzeit des Fleisches (siehe unten) auf die unterste Ofenschiene schieben. Den Bräter mit dem gegarten Fleisch herausnehmen und das Gratin ohne Alufolie unter dem Grill kurz überbacken.

✦ MIT GESCHMOLZENEM KÄSE

ca. 400 g Vacherin-Käse in der Holzschachtel · Butter · Salz · Pfeffer · 2 EL Petersilie, gehackt

Den Deckel der Schachtel abnehmen und den Käse samt Schachtel in Alufolie wickeln. 20–30 Min. vor Ende der gesamten Ofenzeit (siehe oben) die Schachtel mit in den Ofen stellen, wo Platz ist. Kurz vor Ende der Backzeit des Käses die vorgekochten Knödel aus der Folie nehmen und in jeweils zwei dicke Scheiben schneiden. Die rundlichen Seiten gerade schneiden. In heißer Butter von beiden Seiten knusprig braten und mit Salz und Pfeffer würzen. Petersilie aufstreuen.

🐖 MIT ITALIENISCHEM SPANFERKEL

2 EL Fenchelsamen · 2 große Zwiebeln, gewürfelt · Fett zum Braten · 1 ½–2 kg Spanferkelrücken/-nacken, zum Rollen aufgeschnitten · Salz · Pfeffer · ½ Bund Suppengrün, fein geschnitten · 250 ml Weißwein · 2 cl Pastis · außerdem Küchengarn

Die Fenchelsamen zerstoßen und mit den Zwiebeln in Fett kurz andünsten. Das Fleisch innen salzen, pfeffern und die Zwiebeln darauf verteilen. Mit Garn zum Rollbraten binden. Mit Salz und Pfeffer einreiben. Den Ofen auf 170 °C (Umluft) vorheizen. Das Suppengrün in einer Pfanne in Fett anrösten und das Fleisch von allen Seiten mit anbraten. Alles in einem flachen Bräter 90–140 Min. garen. (Garzeit pro 100 g Fleisch 6–7 Min.). Zwischendurch Wein und etwas Wasser zufügen und das Fleisch mit dem Fond begießen. Nach dem Garen die durchgesiebte Sauce mit Pastis aufkochen, abschmecken.

Die gebratenen Knödel auf zwei Teller verteilen. Die restlichen in einer Schüssel reichen. Das Gratin und die Käseschachtel heiß auf den Tisch stellen. Das Fleisch auf einer großen Platte mit Tranchierbesteck platzieren. Die Sauce getrennt dazu servieren.

KARTOFFELKLÖSSE
UND ROTKOHL

Ein Klassiker, der sich zu festlichen Anlässen mit den Großeltern zur Winterszeit anbietet.

Zutaten für beide Gerichte: 1 großer Rotkohlkopf, fein geschnitten · 2 EL Butter · 3 Äpfel, geschält, entkernt und in Stücken · 1 Zimtstange · 2 EL Johannisbeergelee · 125 ml Rotwein (oder 2 EL Rotweinessig und 125 ml Wasser) · 2 kg mehligkochende Kartoffeln, geschält, geviertelt · Salz · 160 g Butter · 2 Eier · 400 g Kartoffelmehl

Den Rotkohl in einem Topf in Butter anschwitzen. Äpfel, Zimt, Gelee und Rotwein zufügen. Einmal aufkochen und dann bei kleiner bis mittlerer Hitze ca. 1 Std. köcheln lassen. Zum Schluss noch einmal abschmecken.
Für die Klöße die Kartoffeln in Salzwasser garen, etwas abkühlen lassen und durch eine Kartoffelpresse drücken. Mit der Butter, den Eiern, dem Mehl und 1 Prise Salz zu einem Teig verkneten. Daraus Klöße formen und in reichlich siedendem Salzwasser so lange ziehen lassen, bis sie an die Oberfläche steigen. Dann herausnehmen.

TIPP
Man kann die Klöße auch mit gewürfelten Pflaumen oder in Butter knusprig gerösteten Weißbrot-würfeln füllen.

↠ MIT MARONEN

*50 g Pastinake (oder Petersilienwurzel), fein
gewürfelt · 1 Zwiebel, gewürfelt · 1 EL Butter ·
50 ml Gemüsebrühe · ca. 300 g Maronen,
vorgegart (Vakuumpack) · Salz · Pfeffer ·
125 ml Sahne · 1 Spritzer Zitronensaft · evtl.
1 Msp. Cayennepfeffer · Petersilie, gehackt*

Pastinake mit Zwiebel in Butter andünsten, bis sie langsam weich wird. Mit Brühe
ablöschen und dann die Maronen mit
erhitzen. Salzen, pfeffern und die Sahne
einrühren. Mit Zitrone und Cayennepfeffer abschmecken. Kurz aufkochen. In
eine Servierschüssel füllen, mit Petersilie
bestreuen.

♥ MIT GEFÜLLTER GANS

*3–5 Äpfel, entkernt, in Scheiben · 2–4 EL
Rosinen · Butter zum Braten · Salz · Pfeffer ·
1 große Gans, küchenfertig, ohne Innereien ·
1 EL Saucenbinder · außerdem Zahnstocher,
Küchengarn*

Äpfel und Rosinen in Butter kurz andünsten und mit Salz und Pfeffer kräftig würzen.
Von der Gans überflüssiges Fett und Bürzel
abschneiden. Die Apfel-Rosinen-Füllung
in die Gans geben, die Öffnung mit Zahn-
stochern verschließen und mit Küchengarn zusammenbinden. 1½–2 l kochendes
Wasser über die Gans gießen. Dann mit
Salz und Pfeffer einreiben. Den Ofen auf
200 °C (Umluft 180 °C) vorheizen. Die
Gans mit dem Rücken nach unten in einen
Bräter legen, 400 ml Wasser angießen und
2½–3 Std. garen. Dabei ab und zu mit der
Bratenflüssigkeit begießen (evtl. etwas
Wasser zufügen) und zweimal wenden. Die
Bratenflüssigkeit kurz vor Ende der Garzeit
abnehmen und durch ein Sieb gießen,
entfetten, binden und abschmecken.

Den Rotkohl, die Klöße und die Maronenzubereitung in Servierschüsseln auf den Tisch
stellen. Die Gans auf einer Servierplatte anrichten und bei Tisch tranchieren. Dazu die
Bratensauce reichen.

REZEPT-ÜBERSICHT

VEGETARISCHE GERICHTE

REGISTER

DIE AUTOREN

Nach ihrem Studium der Diplom-Oecotrophologie und mehr-
jährigen Stationen als programmverantwortliche Lektorin und
Projektmanagerin in verschiedenen Verlagen machte sich BETTINA
SNOWDON vor einigen Jahren selbstständig: mit eigenen Koch-
büchern, Lektoraten und Kochbuchübersetzungen und als Projektmanagerin. So kann sie ihre Begeisterung für Bücher und ihre
Liebe zum Kochen optimal miteinander verbinden.

MARTIN LAGODA schreibt für eine Reihe von Magazinen, ent-
wickelt und verfasst Kochbücher und erstellt Texte für PR-Publika-
tionen. Er führte das Food-Ressort der Living at home und leitete
als Chefredakteur die Magazine Essen und Trinken sowie Schöner
essen. Seit vielen Jahren befasst er sich beruflich also mit den
beiden Dingen, die ihn seit seiner frühen Jugend interessieren:
Schreiben und kulinarische Themen.

5 4 3 2 1   19 18 17 16 15
978-3-88117-958-4

Fotografie: Meike Bergmann, Berlin
außer Foto S. 50 unten links: Shutterstock/Max Topchii
Food-Styling: Katja Zimmermann, Berlin
Coveridee und -illustration: Nieschlag + Wentrup – Büro für Gestaltung, Münster
Innenlayout und Illustrationen: Amélie Graef, Münster
Lektorat: Heike Plank
Redaktion: Kathrin Nick
Satz und Litho: typocepta, Köln
© 2015 Hölker Verlag im Coppenrath Verlag GmbH und Co. KG,
Hafenweg 30, 48155 Münster, Germany
Alle Rechte vorbehalten, auch auszugsweise

www.hoelker-verlag.de